U0736278

图解服务的细节

069

地域1番店になる！「競合店調査」の上手なすすめ方

成为区域旺店第一步
竞争店调查

[日] 野田芳成 著

玲玲 译

人民东方出版传媒
People's Oriental Publishing & Media

东方出版社
The Oriental Press

▶▶▶ 序言

大家了解"竞争店"吗？

是否思考过，在经营环境严峻的时代，竞争店在做些什么？

一周考察几次竞争店？

知道所属地区的顾客怎么看您的店铺吗？

实际上，很少有经营者或店长比较清楚地区竞争店和顾客的情况。即便询问"一周考察几次竞争店"，大部分的店长和社长也回答"没有时间。因为即便进行数次考察结果也是一样的"。

但是，兴旺店铺的经营者和店长则有所不同。他们很在意竞争店的情况，很想了解顾客去其他店铺的原因。当问及某大型书籍连锁店的社长"进行竞争店调查吗"时，他回答道"我们每天都在做"。据说其每天前往竞争店，检查畅销书籍的陈列方法和顾客数，并反馈在本店的进货和卖场布置上。这家书籍连锁店即便在经济萧条时期，业绩也是递增的。兴旺店铺的经营者和店长养成了定期调查竞争店、顾客的习慣，并经常以胜出竞争店、力争第一为目标。

创建竞争店的第一步是尽可能多地持有地区第一的商品、顾客、服务。为此，重要的是调查竞争店、模仿示范店铺、了解顾客。通过竞争店调查，可以了解以前没有注意到的地方。通过确立有效的竞争对策，决定店铺的发展方向、提高业绩。

本书以比较繁忙的店长和员工在日常业务中能展开的竞争店调查方法为主，介绍各种调查方法和要点。

竞争店调查不仅仅是"价格调查"，还包括"卖场调查""商圈调查""服务调查""促销调查""备货调查"等。希望读者能根据不同的目的学习调查的具体方法。

顾问的基本工作就是调查。迄今为止，我调查了近 500 家店铺和公司。深深感到从调查中可以学到很多东西。

调查很花功夫和时间，但如果是谁都能做的"简易调查"，则可在日常业务中完成。希望读者了解调查的要点，确立本店独特的调查方法。

此外，本书不仅仅涉及竞争店调查，还介绍了示范店和本店调查等。通过多方面调查，"知己、知彼、知顾客"，如果能有助于您建立兴旺店铺，笔者将深感荣幸。

当然，本书也推荐给以下读者。

·以第一为目标！

·想胜过竞争对手！击败竞争对手！

· 本店的发展方向还没有确立。

· 想提高销售额、招揽更多的顾客。

· 决定开设大型店铺，并正在考虑竞争对策。

　　本书出版得到了同文馆出版古市达彦的大力协助，津川雅代帮我统筹了文稿。在此表示感谢。

　　感谢小野达郎、井手聪、福本晃，以及小组的各位，在我撰写本书过程中给我的鼓励。本书有幸出版，全仰仗各位的帮助。

　　此外，还想对让我学到很多知识的协助单位的各位同人，表示深深的感谢。

野田芳成

▶▶▶目录

第 **1** 章

▼
▼
▼

竞争店调查是创建兴旺店铺的第一步

1-1 | 为成为地区第一，不可或缺的是竞争店调查

●地区第一店是怎样的店铺?

地区最兴旺的店铺必定有最好的商品。创建兴旺店铺的第一步是找到能成为第一的门店商品和服务。所谓第一是指在竞争店中位居第一，而要成为第一，就必须有竞争意识。当我对业绩不太理想的经营者提及"以地区第一店为目标吧"时，很多人都很困惑："本地区，我家店铺的规模较小，所以即便说第一……"当然，如果从店铺规模、备货等角度考虑，的确很难胜过日本全国连锁店和大型企业。但是，即便不能在备货方面胜出，也可以通过缩小商品的范围，找到可以成为第一的商品和服务。而这是创建兴旺店铺的开始。与此同时，找到与竞争店不相竞争的"非竞争"部分也是"产生利益"的一大课题。

●需要收集客观资料

那么，怎样才能称为"第一"呢? 如果没有任何依据，而只是一味强调"我家店铺在待客方面不亚于其他门店"的话，很难让人信服。因为如果没有客观依据，就不过是自我标榜而已。所以需要收集客观资料。自家门店在哪些方面胜过竞争店? 能称为地区第一的数据有哪些? 对这些必须进行

客观的判断。找到可成为地区第一的东西并将其发展起来，与竞争店拉开差距且胜出是经营者必须经常考虑的问题。为了不断优化本店擅长的领域，需要了解客户（顾客调查），向竞争店（竞争店调查）、示范店（示范店调查）学习。

关于竞争店调查，重要的是持续性。为此，必须做到以下几点：①不花费资金和人力；②能短时间完成；③与目的相符；④在店铺和经营中反映调查结果的机制。日本经济进入了变化巨大的时期，少子老龄化社会、收入阶层化等。正是这样变化剧烈的时期，才更需要确立正确的竞争店调查方法，并以创建地区第一店铺为目标。

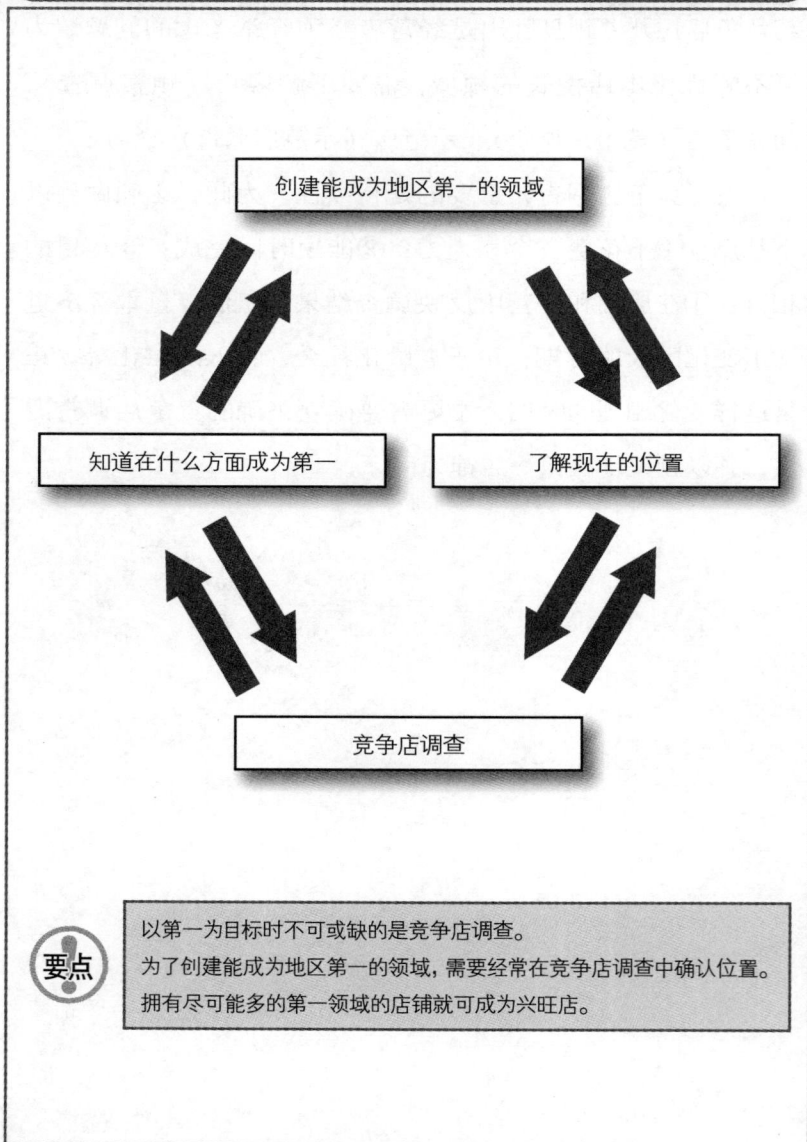

创建能成为地区第一的领域

知道在什么方面成为第一

了解现在的位置

竞争店调查

要点

以第一为目标时不可或缺的是竞争店调查。
为了创建能成为地区第一的领域，需要经常在竞争店调查中确认位置。
拥有尽可能多的第一领域的店铺就可成为兴旺店。

1-2 统一竞争店调查的目的

●思考竞争店调查的目的

仔细分析店铺进行的"竞争店调查"的调查内容，可以发现大多数是"价格调查"。甚至可以说"竞争店调查＝价格调查"。的确，"调查竞争店的价格，从而以更低的价格出售"的价格调查是折扣店必须进行的。但是，如果只是进行价格调查，其结果是陷入"价格竞争"的恶性循环，资金不足的中小型门店是很难有立足之地的。

那么，竞争店调查的目的究竟是什么呢？应该是客观了解本店和竞争店的位置，寻找能够胜出的领域并予以进一步发展。为此，必须明确本店在商圈内"想在什么方面成为第一"。而且，需要根据季节和目的的不同改变调查内容。

不考虑目的、一直进行相同的调查（固定调查），每次只能得到一些数据而已，而不能成为有助于店铺创建和经营的竞争店调查。

●明确在什么方面成为第一

在进行竞争店调查前，首先必须明确"本店在什么方面成为第一""想在哪些方面胜出竞争店"。

为此，通过客观数据判断"和竞争店之间存在的差异"

是调查的一大目的。假定我们确立了"想成为提供地区最优质服务的门店"的目标，那么竞争店调查所需的项目就是"了解地区其他门店服务方法的种类"。此时，需要制作有关服务的竞争店调查表，调查可数值化的项目，如服务的种类和价格。

或者，如果持有"想在接待顾客方面成为第一"的目标，必须调查的项目则为"接待顾客的时间""顾客对提问的回答内容""门店销售人员的员工数量"等。竞争店调查的项目随着目的（想发展为怎样的门店）的不同而不同。

明确本店的第一

在调查前明确的内容
● 本店在什么方面成为第一
● 想在哪些方面胜出竞争店

想成为第一的项目	内容
价格最低	确保地区第一廉价！
备货最全	由大到小，无所不有！
商品数量第一	确保量大！
质量第一（味道）	对质量有自信！安心、值得信赖的商品
接待顾客第一	在亲切、礼貌方面不输于其他店铺！
商品知识第一	关于商品无所不知！
服务第一	地区最佳服务！任何要求都可满足！
笑容第一	总是用爽朗笑容接待顾客！
速度第一	即日应对、当即回答！

要点

持有众多第一领域和商品的店铺是兴旺店。
创建兴旺店铺的第一步是至少一项要以第一为目标。

1-3 | 与对手拉开差距的竞争店调查的想法

●竞争店调查的意义

令人意外的是，定期进行竞争店调查的店铺似乎很少。为什么呢？那是因为有"想和竞争店拉开差距"的愿望或"关注竞争店在做的事情"的危机意识的经营者很少。

另一方面，一直保持兴旺的公司、店铺会常有竞争店意识，而且有效地持续进行兴旺店铺和竞争店的调查。这样的店铺的调查方法和想法是很明确的。进行竞争店调查，可以得到很多答案和启示，以解决目前的困惑之处，或者找到店铺需要改善的地方。

通过调查，还可以得到有关销售和商品的新的技术信息。为了从竞争店学到东西，让我们思考一下与目的意识、目的相符的竞争店调查方法吧。此外，关于想了解的调查项目，养成和本店相比较的习惯也会使调查更有意义。

●建立竞争店调查的机制

竞争店调查的方法有很多。重要的是进行竞争店调查，获得所需信息，以有助于店铺的创建。调查本店的定位，以及本店的竞争区域即商圈调查和人口动态调查。

此外，掌握竞争店的选址、店铺面积、销售的商品也很重要。与本店比较时，为了从各自的位置判断自己该采取的战术，需要进行价格调查和待客调查等。如果明确了所需信息，并确定了调查项目，就可以制作独特的调查表并展开调查、分析内容。然后以分析为基础提出假设，运用在店铺中。

　　只有建立了从调查至实施的机制，竞争店调查才能发挥作用。如果拥有技术，设定与机制的确立、目的相符合的调查方法，就能进行每天都不尽相同的店铺创建工作。积累这样的想法和调查方法，并不断改善，就能有助于创建兴旺店铺。

竞争店调查的步骤

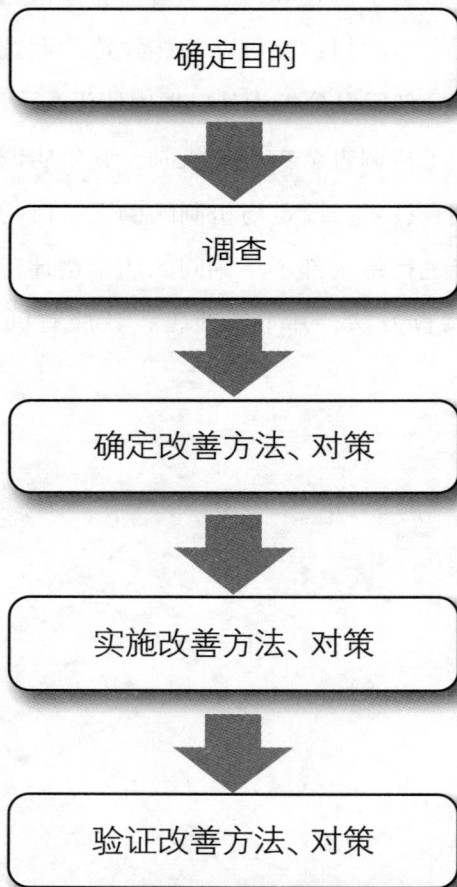

确定目的

⬇

调查

⬇

确定改善方法、对策

⬇

实施改善方法、对策

⬇

验证改善方法、对策

要点 为了成为第一，需要反复开展竞争店调查，反复提出对策并加以改善。按照步骤，尽可能接近目标。

1-4 | "想发展成这样的店铺"的示范店调查是店铺的指针

●寻找示范店

大家在运营店铺时，是否找到了"想发展成这样的店铺"的理想示范店呢？竞争店调查的目的是在本店商圈内调查竞争对手，与竞争店拉开差距，从而成为商圈内第一。

但是，如果仅局限在本店的商圈内，就不能充分了解大的发展趋势和新的想法。所以，重要的是在进行竞争店调查的同时，开展示范店调查。示范店可选择业界第一的企业或广受关注的店铺，也可以向不同的行业学习商品的陈列方法和待客方法。

然后，模仿示范店好的做法，创建本店。

●思考与示范店的不同

调查示范店的关键是找到示范店的长处。调查时，尽量站在顾客的角度去观察、思考。首先，进入店铺后感觉好的地方是什么？与其他店铺的不同点是什么？这种差异缘于什么？

在一次媒体店店长的讲习会上，我问各位店长关于示范店的想法，有人回答道，"无论是备货还是待客都不可能超越示范店"。当问及"示范店的长处中，自己能立即模仿的地方有哪些"时，谁都没能回答。即便确立了示范店，如果不经常思考"比本店做得好的、能模仿的地方"，就不能说发挥了调查的作用。

媒体店从第二个月开始，每月逐个模仿、实践"POP 的写法、待客方法"等示范店做得好的地方。之后，活动及 POP 的内容发生了变化，并增加了新的方法。由此，店长也拥有了自信。每月，哪怕只模仿示范店的一个地方，也会感到自己正在逐步接近原本遥不可及的示范店。

示范店的调查要点

	主要内容	调查
1	明确视察示范店的主要课题	
2	从店铺的整体印象到商品个体，从宏观至微观	
	1）首先巡视卖场	
	2）卖场的氛围营造？（背景音乐、制服、照明的亮度等）	
	3）卖场的布局设置	
	4）商品的陈列方法	
	5）单品的宣传方法？能模仿的POP？	
	6）服务、接待？	
3	观察的要点	
	1）只找优点（即便找到缺点也没用）	
	2）找到自己能马上实践的内容	
	3）站在顾客的立场观察	
	4）注意顾客的动向	
4	做记录	
	1）记录三个可参考的内容	
	2）记录本店能立即实践的内容	
	3）与一同参加的人交换意见	
	4）从向示范店学到的内容中选择本店能立即实践的项目	

要点

模仿示范店的优点。
调查时，尽量站在顾客的角度观察。

1-5 | 开展本店调查，找到本店的长处

● 首先观己（本店）

《孙子兵法》中记载："知己知彼，百战不殆。"在进行竞争店调查和示范店调查前，必须开展"知己"的本店调查。

以本店调查的数据为参考，进行竞争店调查、示范店调查。这有助于更明确地掌握本店的长处及需要改善的主要问题点。

此外，在开展竞争店调查和示范店调查时，必须持有"好、坏"的标准。此时的标准当然是本店。

● 明确本店的长处和短处

利用特别设定的检查表完善本店环境的店铺有很多。但大多数店铺本店都只将检查表用于自己店铺的改善，几乎没有店铺将其与竞争店比较。

此外，为了解自己店铺的现状，每月的库存盘点也是不可或缺的。但是，很多都只是将库存盘点作为掌握自己店铺库存资产的手段，很少与竞争店相比较。

以每月自己店铺的检查、库存盘点资料等为基础，调查竞争店和示范店，通过比较了解"本店和竞争店的差异""本店的位置"等，明确本店的长处和短处。在此基础上，不断

发展本店的长处，就可创建独特的兴旺店铺。

●本店的调查方法

本店调查需要定期进行。某零售店每月进行一次突击性的本店调查。调查员是临时聘用的主妇。每月制作检查表，调查店铺的清扫状况、接待顾客的水平、卖场的布局及备货等。并以本店调查的结果为基础，在每月召开的店铺会议上讨论应改善的问题点。

然后，以本店调查的数据为基础，和员工一同讨论在备货、卖场布局、待客等方面与竞争店存在的差异。每月进行的库存盘点和本店检查也要与竞争店比较，由此明确与竞争店之间的不同之处。

通过比较本店和竞争店找到优势

●调查结果比较表

调查项目	本店	A 店	B 店	地区最佳店
卖场面积（坪）	100	120	80	A店
每平方米的库存量	50	40	40	本店
商品种类数	700	1,000	500	A店
备货（品种）	70	120	60	A店
A商品的价格	1,200日元	1,180日元	1,200日元	A店
卖场从业人员数	10	10	8	本店、A店

●调查本店后，开展竞争店调查

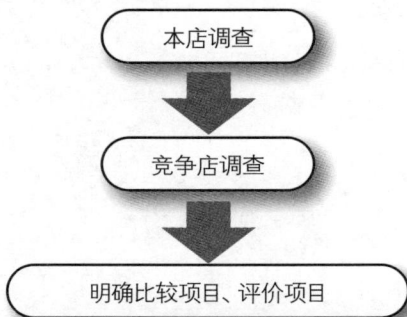

本店调查

↓

竞争店调查

↓

明确比较项目、评价项目

要点

将调查项目汇总成表，以进行简单比较。

明确地区第一店在哪。

全体员工加强讨论，以有效利用表格。

1-6 熟练运用差异化的基本数字 "1.3" 和 "1.7"

●熟练运用差异化基本数字

在"船井流数理市场运营"中，用"1：1.3"作为差别化的数字。这是认知长度差别的认知心理学的理论。在该实验中，1 米、1.1 米、1.2 米……准备好每相差 10 厘米长度的棍子，首先让人看 1 米的棍子 10 秒钟，然后藏起来。接下来，逐根看剩下的棍子。然后询问："比一开始看到的 1 米长的棍子长的，是哪根棍子?"结果，大多数人都在看 1.3 米的棍子时发现了长度之差。

"谁都能发现长度之差的是相对于 1 的 1.3"成了差异化的基本数值。例如，卖场面积的计算一般是"面积=长×宽"，而 $1.3^2 : 1^2 = 1.69 : 1$。所以卖场面积为 1.7 倍以上的话，就能让顾客感受到比竞争店的面积大。

●与竞争店拉开差距

在开展竞争店调查时，关于商品和卖场等，应使用 1.3、1.7 等数字使本店与竞争店拉开差距。例如，在服饰用品店，以内裤的备货第一为目标，那么备货比竞争店多 1.3 倍，商品数量看起来就会明显比竞争店多。此外，如果卖场面积是竞争店的 1.7 倍，就能让顾客感到无论是卖场面积还是商品数量都是地区最大、最多的。

接待顾客的时间 1.3 倍长、促销手段等的投入量是竞争店的 1.3 倍，在所有方面都可运用 1.3 这一形成差别的数字。

甚至价格差也可运用差异化数字。如果想比竞争店更廉价，通过计算 $1 : 1.3 = 0.76 = 24\%$、$1 : 1.7 = 0.58 = 42\%$，可知降价商品应比竞争店低 24%、特价商品应低 42%。这样就能让顾客明显感觉到便宜，从而选择本店。

记住差异化的数字

在数量上拉开大于1.3倍的差距

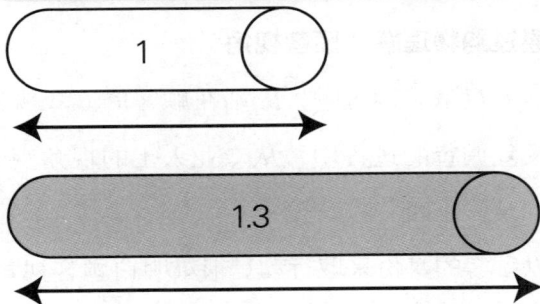

1

1.3

在面积上拉开大于1.7倍的差距

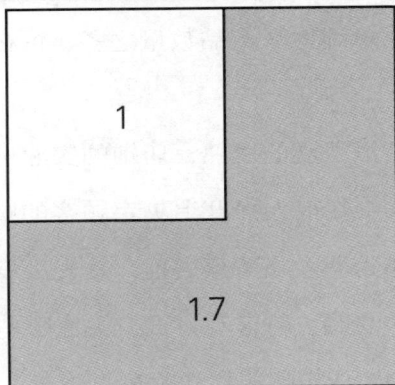

1

1.7

要点

掌握差异化数字1.3和1.7的原理。

线1.3倍、面1.7倍以上的差距会让人明显感到差别的存在。

与竞争店在数量上拉开1.3倍、1.7倍的差。

1-7 | 不要忘记顾客视角

●通过购物理解 "顾客视角"

在开展竞争店调查时，应站在顾客的立场观察店铺。特别是在反复调查的过程中，从专业人士的视角观察店铺，往往会疏漏某些东西。

不以顾客的身份采取行动是很难明白顾客视角的。为此，最好的办法是在竞争店购物。自己在购物时的感受就是顾客的感受。对于想拉开差距的商品，在进行数量调查和价格调查前，先站在顾客的立场去感受。因为顾客在购物时，不会像调查员一样，单纯地从商品数量之多、价格之低等角度决定购买与否。

随着消费者消费观的成熟，店铺的安心感、商品的美观程度等感性方面会在很大程度上决定顾客的购买欲望。调查竞争店时，在作为调查员考察之前，首先应以顾客的视角观察商品的易取、易购、待客等方面，关注哪些能吸引顾客的注意，什么样的销售策略能打动顾客的心。

判断基准是"如果是顾客会怎么想，如果自己是顾客会怎么想"，即站在顾客的立场去思考。为此，平时就要养成站在顾客立场去购物的习惯。

●注意因循守旧现象

必须注意"调查竞争店时的因循守旧现象"。同一人对同一家店铺反复调查后，渐渐地就会很难注意到店铺发生的细小变化。而且，第一印象很难轻易改变。一旦有了成见，就会疏漏变化。

如果可以的话，让店铺的员工展开调查，并时不时地更换人员，即以与以往不同的视角进行检查。从员工观察到的变化中得到意外的启示。为了解市场的变化，需要重视"顾客的视角"，并注意不要"因循守旧"。

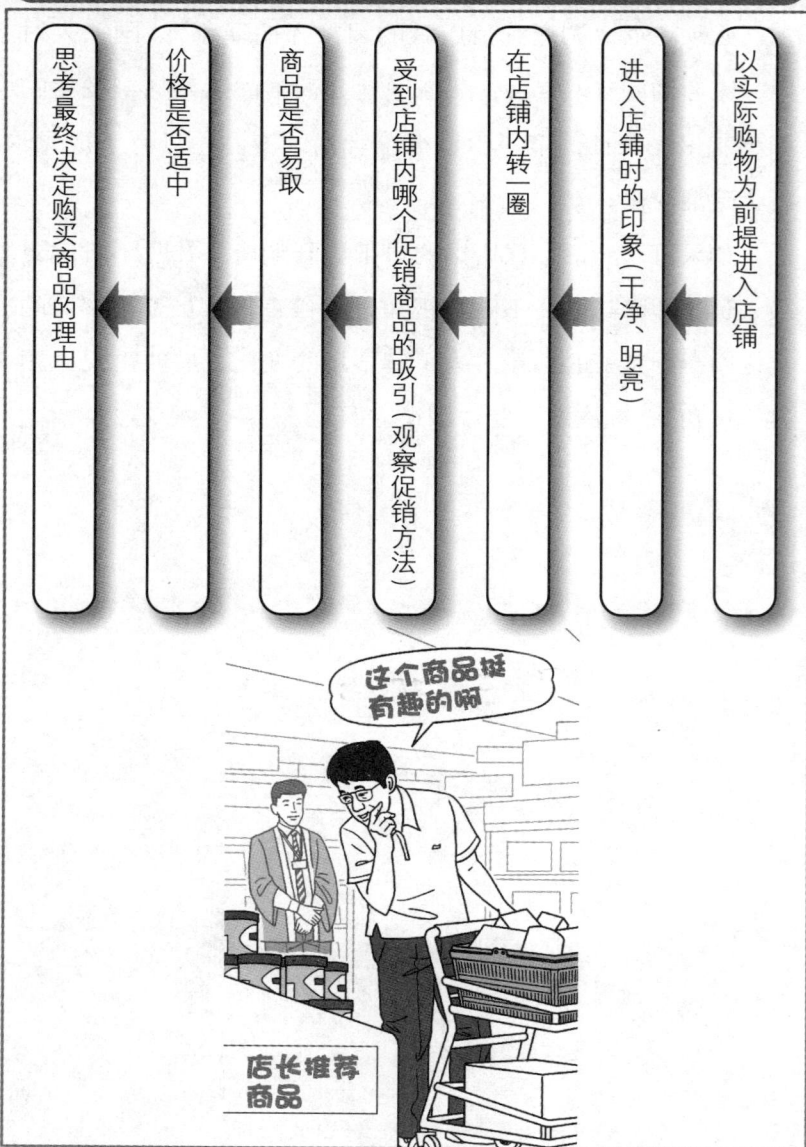

顾客视角的检查要点

以实际购物为前提进入店铺

进入店铺时的印象（干净、明亮）

在店铺内转一圈

受到店铺内哪个促销商品的吸引（观察促销方法）

商品是否易取

价格是否适中

思考最终决定购买商品的理由

这个商品挺有趣的啊

店长推荐商品

1-8 | 为展开有效调查，准备很重要

● 调查前的准备

决定开展竞争店调查后，需要做好调查的准备。调查之前需要做好以下三点：①确定竞争店调查的目的，②制作店铺检查表、说明、调查后的报告格式，③调查基准的设定。特别是第②项的店铺检查表和调查后报告的制作是进行有效调查的必备条件。

如果在调查前确定了调查后报告书的格式，必须考虑的内容就明确了，调查也能顺利进行。调查后的报告格式应能进行本店和竞争店的比较，比较要点也要清晰。

调查前准备好完整的报告书是进行有效调查的前提。

● 事前进行调查练习

数位成员调查大型店铺时，需要在调查前进行预备调查。特别是开展之前没有进行过的调查，或者有成员初次参加调查时，确认调查内容后再展开的话会比较顺利。例如，在调查家庭用品商店的日用杂货商品时，需要事先前往家庭用品商店，选出主要商品，要特别检查主力商品的备货、价格、布局、陈列方法等。

开展布局调查（面积）时，需要事先确定能测量卖场面

积的基准。例如，瓷砖的大小。一般而言，卖场的瓷砖是 30
厘米×30 厘米或者 50 厘米×50 厘米。如果是 30 厘米的瓷砖，
那么每 5 片的长度是 1.5 米。如果是步测，那么需要事先了
解自己步幅的大小，才可当场进行计算。

　　最后需要确定的是调查优劣的基准。特别是调查服务、
卖场布局等感性项目时，为了能以本店为基准进行判断，需
要事先好好观察本店。迅速、简洁明了地结束调查的必要条
件是事前的调查准备。

需要记住的便利数字

● 步幅约60厘米

从脚尖至脚尖约60厘米
（记住自己的步幅）

● 日常使用的家具（陈列架）
的宽度是1尺=30厘米
（宽度30厘米、45厘米、60厘米的较多）

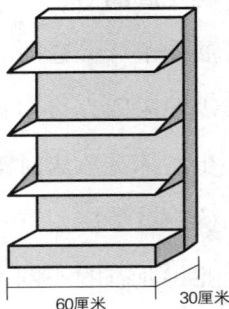

60厘米　30厘米

● 瓷砖是30厘米×30厘米，或者
50厘米×50厘米

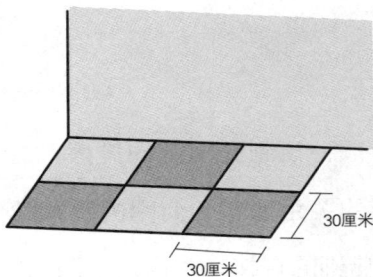

30厘米
30厘米

● 柱子和柱子之间一般是1.8米

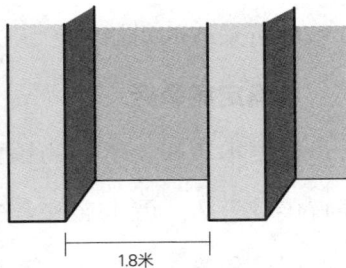

1.8米

要点

调查前掌握相关知识。
根据商品和调查内容的不同，事先进行调查练习。
测量卖场面积时事先确认基准，有助于顺利进行。

1-9 | 如何选择竞争店

●确定商圈

开展竞争店调查时，应选择哪家店铺？特别是对于竞争对手，需要采取直接对策的店铺是哪家？明确调查对象有助于进一步发挥竞争店对策的效果。

为确定竞争店，首先必须确定本店的商圈（战斗地区）。商圈因业种业态的不同而不同。简而言之，即"光顾本店的顾客范围"。

必须找到商圈中一次商圈（绝对商圈）的竞争店。暂不论店铺的大小，必须掌握占据一次商圈中 80% 以上销售额的竞争店所采取的对策。

●确定竞争店

根据本店和竞争店的销售份额，预测商圈内的排序，选择直接竞争店。就本店和竞争店的关系而言，商圈内份额第一的店铺和第二、第三、第四的店铺的直接竞争店是不同的。

商圈内的竞争店一般应选择 3 家以上。但是，采取直接竞争对策的应集中于 1 家。

船井总研的竞争力原理指出，"第一的店铺采取第二店铺对策即可"，"第二店铺在积蓄与第一店铺竞争的实力的过程中，为提高商圈内的份额，第三店铺对策是有效的"。

商圈内市场规模的计算需要利用市场大小（可参考第 10 章第 5 项）。市场大小是指每人每年支出的金额。商圈内的市场规模＝市场大小×商圈人口。

●了解本店在商圈内的位置

知道了商圈内的市场规模，就可以推测出本店和竞争店的份额。商圈内的位置，可通过"兰彻斯特法则"计算。下表是船井总研以该法则为基础设定的基准。排列商圈内的顺序、选择竞争店有助于更为有效地进行竞争店调查，并采取对策。

通过商圈份额了解店铺的位置

1	独占份额	74%	即便出现对抗势力，将来也能必胜的独占状态
2	相对独占的份额	55%	虽不是绝对的，但相对稳定的独占状态
3	相对份额	42%	目前没有竞争对手，但将来或许会出现劲敌的状态
4	垄断份额	31%	特别强，在该地区一般没有竞争的状态
5	第一份额	26%	<第一的位置> 明确第一的店铺。在该地区无人不知的状态
6	第一集团份额	19%	<第一集团的位置> 与同一水平的店铺不断竞争的、不稳定的状态
7	优位份额	15%	<第二的位置> 在竞争店中略胜一筹的状态
8	影响份额	11%	<第三的位置> 对其他店铺具有影响力的状态
9	存在份额	7%	地区内的存在受到认可的状态。店铺（部门）的存在不广受注意的状态

特别是在零售业中，占据26%份额的被视作1号店、19%的是1.5号店、15%的是2号店、11%的是3号店。

要点 竞争店对策的第一步是了解商圈内本店的位置。

1-10 通过调查了解市场的变化

●注意市场的变化

少子老龄化导致市场规模缩小、消费观的成熟、收入 8 阶层化等消费环境的变化，这使得零售业的销售环境发生了巨大的变化。

今后的零售业必须成为吸引顾客的魅力店铺。必须调查、分析市场、顾客，适时、适量，并以适中的价格提供与地区相符的商品和服务。为此，要敏锐地读取市场的变化。在竞争店调查和市场调查中，对市场变化的感受性非常重要。

因为，在调查中感到"咦?"的小小发现常常能预言市场的变化。竞争店调查中，会注意到"这样的商品畅销啊""有这样的服务啊"等，这种发现很重要。

●了解顾客的变化

以独特的差异化为目标的"第一化"有助于创建兴旺店铺。今后，独创性将成为实现地区差异化的唯一战略。为此，调查也不该是检证与竞争店同样的竞争项目的"差"，而应该是经常查证本店推出的独特对策是否为地区和市场的顾客所接受，这点很重要。

目前为止进行的以价格调查为主的竞争店调查引发了

"同质化现象"。结果是，"无论去哪儿都是相同的店铺"，与竞争店拉开差距的要点仅仅是"价格"和"备货"。为了消除这种同质化现象，需要在进行价格调查和备货调查的同时，进行了解顾客动向的顾客调查、待客调查、服务调查、印象调查等综合性的调查。

为了在混乱的市场中打造独特的店铺，需要改变调查目的和方法，运用独创的想法和调查手段进行市场调查，不仅要了解市场动向，更要熟知顾客的变化。

收入分为8个阶层等的环境变化

① 收入分为8个阶层

20世纪 80年代	20世纪90年代 （6阶层化）		2006年~（8阶层化）	
有钱人 约7%	a. 有钱人	约20%	01. 超有钱人	约25%
	b. 新奢侈层		02. 有钱人	
			03. 新奢侈层	
中流层 约85%	c. 中间层（普通）	约60%	04. 中阶层（普通）	约35%
	d. 不景气阶层		05. 中间层 （需要负担孩子 教育费的阶层）	
穷人 约8%	e. 被裁员、破产、 打零工者	约20%	06. 不景气层	约40%
	f. 穷人		07. 被裁员、破产、 打零工者	
			08. 穷人	

富 ↕ 贫

② 商品寿命的变化也会带来市场需求的变化（以再生产业为例）

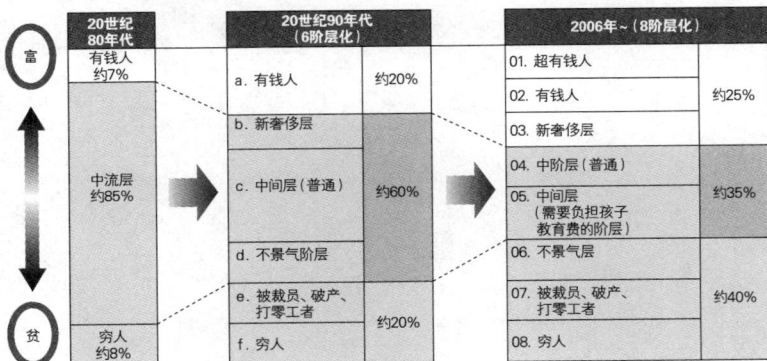

名 称	导入期	成长期前期	成长期后期	成熟期	稳定期
需要做的 为成第一	· 提升店铺的知名度	· 让顾客彻底形成高价 回收店的印象	· 备货的控制管理（由数量向质量） · 发展为大型复合店（300、500、1000坪以上） · 发展为专卖店（品牌、女士服装、男士服装、钓具、乐器、相机、 电脑、家电、家具） · 系统化、组织化、人才培养		
顾客的 志向	· 基本没有店铺 · 顾客不知道	· 印象较好的店铺可成为 地区最佳店 · 有这样的店啊 · 竞争店开始增加	· 当然要买进的多 家报价 · 希望以较高的价格 出售 · 开show区分销售	· 买这个商品去这家店。买那个商品去那 家店。顾客很清楚销售区分 · 根据不同的个人兴趣、爱好，顾客层被严 格区分	
业 态		· 大型综合型	· 大型复合型 · 专卖店	· 大型复合店、精品店 · 专业二手店、分类专卖店	

要点!

调查竞争店、示范店时，能敏锐地感觉时代的变化。

了解顾客层的变化、购买动向的变化等市场的变化。

定期调查，把握市场的变化。

第 **2** 章

▼
▼
▼

任何时间、任何人都能进行的
竞争店调查

2-1 小组一起调查

● 首先明确目的和方法

竞争店调查因目的不同而不同。在开始调查前，需要确认调查目的和方法。如果目的和方法含糊不清，就不能得到满意的调查结果。

而且，在调查完汇总结果时，目的（想了解什么）不明确的话，就不能汇总。即便是店铺员工能马上实施的简易调查，也要确认调查内容是否与目的相符。

● 明确调查内容

某女士服装店开展过竞争店调查。调查参与者是 10 名 20 多岁的女性。之前该店铺也进行过几次竞争店、示范店的调查，但总也不能清晰地掌握竞争店的状况。

其原因有二：①与竞争店比较的内容不明确；②调查人员不熟悉调查的目的和内容。

为此，将比较项目设定为店员的待客，并全员参与了竞争店调查表的制作。结果，调查的汇总和结果很快完成。由于限定了调查内容，所以明白了在接待顾客方面必须①笑脸迎客②禁止喋喋不休③强化销售后的待客之道。由于在竞争店调查的准备阶段明确了目的和要点，调查人员的工作热情高涨，业绩也有所提高。

全员参与制作调查表时，尽量多听取更多员工的意见。然后，讨论决定：

①比较项目

②想了解的项目

③调查方法

④各个项目的评价方法（定量、定性）

调查表制作会议的内容决定了调查的好坏。

事前认真制作调查表

●**待客调查的内容（女士服装店、待客检查）**

调查项目	评分
1. 是否笑脸迎客？	5 · 4 · 3 · 2 · 1
2. 是否以明快的声音说 "欢迎光临" ？	5 · 4 · 3 · 2 · 1
3. 是否爽朗、有精神？	5 · 4 · 3 · 2 · 1
4. 服装是否整洁？（印象好吗？）	5 · 4 · 3 · 2 · 1
5. 是否能回答顾客的提问？	5 · 4 · 3 · 2 · 1
6. 是否说 "谢谢" ？	5 · 4 · 3 · 2 · 1
7. 待客时的用语是否合适？	5 · 4 · 3 · 2 · 1
8. 待客是否让人心情愉快？	5 · 4 · 3 · 2 · 1
9. 有没有喋喋不休？	5 · 4 · 3 · 2 · 1
10. 在顾客购买后，是否提供售后服务？	5 · 4 · 3 · 2 · 1
11. 推荐商品是否自然？	5 · 4 · 3 · 2 · 1

要点

试着评价、比较本店和竞争店的待客。
听取调查成员的感想，全员讨论。
找出本店应学习的内容，并付诸行动。

2-2 竞争店调查表的制作方法

●7 个目的

开展竞争店调查时，一定要事先召集相关人员开会。即便是小的调查或者每日的简易调查，店长和调查成员也要召开事前会议。然后再度确认"为什么去调查竞争店"，这点很重要。

调查目的大致可以分为 7 种：

①了解竞争店的备货→商品力调查

②了解竞争店的价格战略→价格力调查

③了解竞争店的卖场布局能力→卖场、布局调查

④了解竞争店的服务能力→服务力调查

⑤了解竞争店的接待顾客的能力→待客力调查

⑥了解竞争店的促销能力和企划能力→促销力调查

⑦了解竞争店的店铺信誉（店铺的权威和信誉度）→店铺信誉调查

调查时要明确调查的内容。如果目的不明确，就不知道在现场调查"什么"才好。

●为开展高效的调查，必须明确调查目的

例如，在进行家庭用品商店调查时，如果"目的"不明

确，调查就会迷茫。假定调查阶段的目的是"调查竞争店的主力商品是什么，然后在本店备足 1.3 倍以上的、与竞争店主力商品相同的货品"。

家庭用品商店的主力商品是以卫生纸、面纸等为首的日用杂货。依据调查目的，调查的品种应设定为"日用杂货"。但是，由于调查目的中的品种含糊不清，所以对所有的商品都进行了调查。与主力商品无关的住宅商品也调查了。从当初设定的目的来看，调查 1 天就可以结束。但是 1000 多坪的家庭用品商店所有商品的调查则需要 10 天时间。调查报告的数据也变得很庞大，不能有效利用。

为了避免这样的失败，应该在明确调查目的和调查对象后展开调查。

调查目的大致可分为7种

● **竞争店调查的7个目的**

	目的	对应的调查
1	了解竞争店的备货	商品力调查
2	了解竞争店的价格战略	价格力调查
3	了解竞争店的卖场布局能力	卖场、布局调查
4	了解竞争店的服务能力	服务力调查
5	了解竞争店的接待顾客的能力	待客力调查
6	了解竞争店的促销能力和企划能力	促销力调查
7	了解竞争店的店铺信誉	店铺信誉调查

● **为了开展高效的调查**

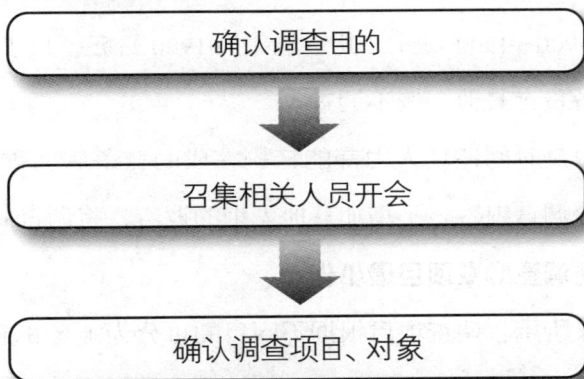

确认调查目的

⬇

召集相关人员开会

⬇

确认调查项目、对象

要点

明确调查目的，并告知所有成员。
不要偏离调查对象和调查目的。

2-3 比较项目的确立方法

● 比较项目应简单明了

如果会议上确定了一定的调查目的，调查项目＝比较项目的 90% 也就确定了。下表是针对各调查目的的比较项目的内容。确立调查项目后，应选择调查方法。这些需要在调查前完成。

例如，某服饰用品店想了解竞争店羊毛产品的备货状况，这就需要调查羊毛服饰的种类。某大型服饰用品店的羊毛产品的种类为女士 3 个、男士 4 个、儿童 2 个。男士、女士的价格为 3900～4900 日元，儿童统一为 1980 日元。只了解羊毛产品的备货，其他一概不调查。

无论是时间还是人力都能轻松完成的竞争店调查的关键是，细分调查内容，不增加其他无谓的调查，将调查简单化。

● 将调查必要项目最小化

如表所示，调查项目根据不同目的可分为 1 至 5 项。

例如，想知道竞争店的备货，调查项目为：①商品名，②种类数，③商品数量，④价格。如果进行额外的、不必要的调查，就很难得到与目的相符的调查结果。也可以根据实际需要，另外追加调查项目，但是"简易调查"的根本是尽可能将调查简单化。如果想了解的内容与应调查的项目有所不同、无谓地增加不必要的调查项目，就会增加额外工作，导致目的不明。尽管想了解竞争店的各个方面，但在刚开始调查时需要尽可能精炼调查项目。

调查所有内容需要数十日，这只会让调查太庞大。所以首先要掌握任何时间都能展开的简易调查。

具体决定调查项目

●**不同调查目的的调查项目和方法**

目的	调查项目（比较项目）	调查方法
1．竞争店的备货	商品名、种类数、商品数量、价格	商品力调查
2．竞争店的价格战略	商品名称、价格、价格区间	价格力调查
3．竞争店的卖场布局能力	卖场、布局、卖场面积、货架陈列、氛围	卖场、布局调查
4．竞争店的服务能力	服务的种类、内容	服务力调查
5．竞争店的接待顾客的能力	店员数、接待内容、接待时间、接待方法	待客力调查
6．竞争店的促销能力和企划能力	促销商品、促销频率、促销内容、促销计划和内容	促销力调查
7．竞争店的店铺信誉	知名度、印象	店铺信誉调查

要点

按照目的，将调查项目最小化。
首先掌握分项进行的简易调查。

2-4 | 确定各个项目的评价方法

●评价方法有两个

决定调查目的和内容后确定评价方法。确定评价方法后就能随时开始调查。如果目的是备货状况，则要调查种类的多少。如果是待客调查，则以○×的方式打分。在竞争店的知名度等听取意见的调查中，要汇总结果，进行汇总式的评价。

大致可以分为两个。一是如商品数量、卖场面积等易于计量的"定量"式评价方法。二是"定性"的评价方法，如评价卖场的氛围等比较感性的、难以量化计算的内容。

评价方法因调查内容不同而不同。确定了与调查内容一致的评价方法，就可以评价打分、确定调查报告的格式了。

●确定评价方法

定性评价常有的是"好~差"的 5 段式评价。5 段式评价需要更为细化的评价标准。这种评价在调查员由经验丰富的员工构成，并能判断微妙差异时进行。

在调查的初期阶段或者简易调查中，我推荐○×的 2 段式评价。"好、较好、一般"为○，"差、较差"为×。这样就能迅速判断，差错较少。最初以○×的 2 段式评价为主，等能判断微妙差异时再引入 5 段式评价，这样的做法比较合适。

此外，"○ =好、△ =一般、×=差"的 3 段式评价也比较容易开展，可经常采用。调查的初期阶段采用 2 段式或 3 段式的评价方式进行调查，想了解更为细化的不同时，采用 5 段式的评价。根据内容区分使用不同的方法。最终以"○ =3 分、△ =2 分、×= 1 分"等的计分方式进行评价。先好好理解评价方法及其原理。

调查项目既定后，确定调查方法和评价方式，这样调查表就完成了。

2种评价方法

●评价方法和项目

评价方法	调查项目	调查内容
定量调查	卖场面积 备货 价格区间 从业人员数	内容是任何一位比较数量的人员都能一目了然的数字
定性调查	待客调查 卖场氛围 店铺信誉调查 意见听取调查	判断基准是评价者的主观认识。○×2段式或者数段式的评价方式,并以计分的方式进行。需要统一评价标准(调查者的价值观)

●服务调查表（例）

主要服务	内　　　容	贯彻程度
		高、一般、低
		高、一般、低
		高、一般、低
		高、一般、低

要点

根据具体调查内容区分使用定量和定性评价。

定性评价以○×为主。

2-5 | 不同目的的调查表的有效利用（备货、价格调查）

●调查表要正确

备货调查和价格调查很多都是同一表格，因为可以同时调查库存量和价格。

请参考 48 页的调查表。①名称的写法方面，尽量写上厂商和商品的全名。即便是同一商品，规格很多都是一系列的。如果不写全称，调查后就很难明白到底是哪个商品。

例如，纸巾盒。大王造纸的 Elleair 有 " Elleair 纸巾"" Elleair 纸巾小盒装"" Elleair 柔软纸巾" 等几个系列。如果在调查表上只写 "Elleair 纸巾"，就搞不清楚是哪个系列了。其次，②的容量。同一商品有不同的容量包装。以洗涤剂为例，P&G 的 "Ariel" 有 1 公斤和 1.5 公斤的包装。容量不同，价格当然也不同。商品政策因主打商品不同而不同。液体洗涤剂 Ariel 的替换装比普通装便宜，所以如果没有替换装的信息，价格对策就会以失败而告终。然后，如实记录③的价格和④的数量。

●缩小商品品种数，然后进行调查

记录时，要尽可能缩小品种和商品数量，记住并在店铺外填写调查表。因为，在店内记录的话会给顾客增添麻烦，而且原则上店内是禁止拍照的。1 人能进行的商品调查的数量大约为 7 种，如果是细致的调查，则大约为 3 种。价格的记录分为定价和折扣价。为了判断竞争店的折扣率，需要在记录"定价"后写明"折扣价"。这样就能了解和本店不同的折扣率，也能用作和厂商、批发商谈判的资料。关于商品名称的记录，中等以上的零售店的价格标签是统一的，记下标签中的商品名称和容量就可以了。而价格标签不清晰的店铺，如地方的小型店，则需要在查看商品的具体标识后记录。

调查表要正确、无误

●备货、价格调查的调查表（以药妆店为例）

① 商品名称	② 容量、大小	③ 价格	④ 数量
Elleair 柔软纸巾	320组（160枚）×5P	497	5
Elleair 纸巾	360枚（180组）×5P	428	12
Elleair 纸巾小盒装	320枚（160组）×5P	397	15
Elleair lotion 纸巾 Ufu	180枚×1P	268	5
Elleair lotion纸巾	200组×3P	547	5

2-6 | 卖场调查：分区→布局→货架陈列

●由大到小

卖场调查的调查项目由大到小为①卖场面积、②大致的分区、③布局、④货架陈列。卖场调查很受欢迎，仅次于商品调查。即使没有意识到是在调查，实际上也会时不时地前往比较在意的竞争对手的店铺观察。

通过调查卖场的分区，可以了解竞争店铺从商品分类方法至进货的各项内容。分区是区分商品的一级分类。以大卖场的分区来讲，即"服装区"。布局则是二级分类，指"男士服装""女士服装""儿童服装"。货架陈列是三级分类，如可分为男士服装的衬衫、牛仔服等。

●欲获取的分类信息决定调查内容

卖场调查中想获知哪个分类的信息，想以哪个信息为参考，这决定了调查内容的不同。如果不必得到三级分类的信息，就不必调查货架陈列，调查至布局一层就可以了。此时，不要忘记记录特别感兴趣的内容，如陈列方法、哪些商品被放置于端架、价格是多少等，"活动企划"和"端架陈列"的信息。"通道的宽幅""工具大小"等也必须记录，为后续调查查证做好前期准备。

必须步测计算各个布局的卖场面积。经过几次计算、测量后，会具备一看就可判断通道宽幅等的能力。

如果想了解卖场氛围，必须要知道陈列方法。陈列方法有①量感陈列、②平面陈列、③立体陈列、④复合陈列、⑤展示陈列等。陈列方法不同，销售目的也不同。因此，可同时分析竞争店采取某个陈列方法的目的何在。此外，必须记录在调查卖场氛围时注意到的东西，如"利用液晶电视机打造店铺氛围"等。

调查卖场氛围时需要了解的陈列方法

●陈列方法的不同

陈列方法	目的	商品特性
量感陈列	以商品数量吸引顾客，唤起顾客的购买欲望	低价商品 高周转商品 日用品 季节商品
平面陈列	将商品平面陈列，给人无顾虑、轻松的感觉	低价商品 高周转商品 生活必需品 活动商品、集中销售商品 畅销品
立体陈列	堆积商品或垂直陈列。让顾客感到同种商品的易选择性的同时，提高卖场效率	同一商品、尺寸很多 同一用途、种类很多
复合陈列	在量感陈列的地方强调变化，招揽顾客的关键	特别是小型日常用品 选购商品
展示陈列	让顾客感到商品的个性所在，唤起顾客的购买欲望	高价商品 选购商品 新商品 信息提供商品

要点

通过陈列方法的不同了解商品的销售方法。

判断是低价大量销售的主力商品，还是主推的新收益商品。

2-7 | 服务调查的思路

●事先制作好调查表

服务调查是由调查员主观判断的定性调查。在进行服务调查前，要在调查表上记录下"提供什么样的服务""其服务的质量如何"等。

调查表中先列出能在某种程度上进行预测的服务和本公司提供的服务。如果事先知道竞争店提供的独特服务，也记入表中，并以〇×的方式写下评价是好还是坏。

之后在感想、备注栏中一定要写下调查员的感想。最后比较本店有但竞争店没有的服务数量，和竞争店有但本店没有的服务数量。

这并不是说服务的数量越多越好。竞争店有但本店没有的服务中，觉得可以"试试看"的服务要积极引入。

●会得到意外启示的服务调查

以某个回收店为例。回收店提供上门收取的服务。上门服务的时间一般与店铺的营业时间是一致的，都是 10 点至 18 点。但是，进行竞争店服务调查后发现，竞争店的上门服务时间延长至晚上 21 点。自己店铺也立即试着延长至晚上 21 点，结果上门收取的服务单增加了 1.5 倍。

因为我们迄今为止没有注意到，很多顾客家庭都是双职工，他们即便想利用 18 点为止的服务，也很难。所以通过服务调查，得到了意外的启示。

此外，相对于竞争店提供的服务数量，如果本店能提供 1.3 倍的服务，想在服务上制胜的话，就会给顾客留下服务好的印象。服务和商品一样，也要有 "备货"。

●**服务调查表（以回收店为例）**

项目	A店	B店
小型卡车外借	○	○
上门回收	○	无
免费配送	○	无
存放服务	○	无
下次回收的UP优惠券	○	无
商品的搬运	○	○
销货契约确定	○	○
到货商品预约订购	○	无

●**服务调查表（以弹子球游戏厅为例）**

项目	A店	B店
台子移动自由	○	×
钢球统一化	○	×
储存钢球、重新启动	○	○
饮食休息	○（40分）	○（40分）
手机的充电服务	○	×
雨伞外借	○	×
毛毯外借	○	×
休息厅	○	○

2-8 | 待客调查的方法

●需要进行数次的待客调查

重视接待顾客的零售业要定期进行竞争店的待客调查。最近，连以自助购买为主的超市的待客也成了影响顾客购买与否的重要因素。

待客调查应事先做好调查表，以本店重视的评价项目为主进行比较。评价方法为〇×式或阶段式的打分。因为评价由评价者的主观决定，而且对应方式会因接待员和时间的不同而有很大变化，所以理想的待客调查应由数位调查员多次进行。

可能的话，最好进行 10 次相同的调查，并取其平均值进行判断。

同样的调查当然要由不同的成员进行。然后，全体成员一同讨论调查内容、判断竞争店待客水平。为了进一步判断竞争店待客水平的发展，需要记录所打的分数。关于待客内容，应尽量做详细记录，这样就可以判断语言表达的微妙不同。

●接待方式会改变顾客对店铺的印象

例如，回收店回收物品时接待顾客的态度很重要。需要定期对竞争店的待客水平进行调查。我对数百家回收店的回收物品进行过调查。调查发现，由于待客水平不同，顾客"想出售"的心情也会发生很大变化。

与古代的当铺差不多的店铺，入口处就让人感觉难以接近，店内光线暗，让人感到恐怖。在这种氛围的店铺，听到态度恶劣的店员说"你要卖这个"时，顾客就会想早点离开。与此相反，进行待客培训的大型回收店会明快地说："欢迎光临，这是您要出售的商品吗?"这样顾客就能安心考虑出售商品了。

比起回收价格的高低，接待方式更会对顾客的数量产生影响。接待方式在塑造顾客对店铺的印象方面是个非常重要的因素。

待客调查中设立具体的调查项目

	调查项目	评价（○×）
1	对视即微笑吗	
2	明快地说"欢迎光临"吗	
3	阳光、充满活力吗	
4	服装整洁吗	
5	顾客询问时能立即回答吗	
6	让顾客等待时有没有说"请稍等"，并说明原因。回答让人感到心情舒畅吗	
7	顾客的视线范围内有1名以上的店员吗	
8	对顾客无区别对待吗	
9	对没有购物的顾客也能微笑地说"谢谢光临"吗	
10	有推荐店铺优惠（提醒积分卡或促销）吗	
11	接待顾客的时机恰当吗	
12	能认真倾听顾客的话吗	
13	听顾客说完后，能回答"是，明白了"吗	
14	商品的处置认真吗	
15	包装迅速、漂亮吗	
16	商品的包装是否便于拿取、运输	
17	收银处边报商品、边确认价格吗	
18	报出结算价格和预收款、找零，以进行核对吗	
19	礼貌地递交找零和收据吗	
20	说"谢谢，欢迎下次光临"吗	

2-9 | 促销、企划调查的方法

●调查促销能力的方法

促销调查中对促销媒介进行个别调查。促销媒介有①广告单、②地区信息杂志、③张贴广告、④广告牌等。在促销调查中调查竞争店着力使用哪种媒介进行宣传。

例如，如果每周在"地区信息杂志"中刊登广告，就调查地区信息杂志。定期调查（此时应每周）①广告的内容、②广告的版面、③广告的频率等。

关于广告的内容，应分析"广告的标题"和"具体的内容"等。

通过分析广告版面和广告频率，可计算出竞争店的促销预算。例如，要计算以"地区信息杂志"为主进行促销活动的竞争店1个月的促销费用，通过计算广告版面的费用×1个月的广告频率就可以明白。每周一次花10万日元刊登广告版面的竞争店的广告促销费用为10万日元×4次=40万日元。

同样，如果采取广告单的方式，通过计算每张的单价×推算的分发数量×每月的频率就可算出。关于竞争店主要采纳的媒介，事先应调查好使用多大的版面、花费多少费用。调查广告价格时应咨询地区广告代理店，确认各种媒介的费用。

通过推算竞争店的促销费用，就可以比竞争店投入更多的促销费，在地区提高知名度，从而与竞争店拉开差距。

●**详细研究促销内容，并提出对策**

还应调查广告的标题和内容。频繁改变广告内容的店铺具有较强的"企划能力"。而且，大型连锁店广告的重点是什么？应根据广告内容思考相对应的广告策略。在促销力调查中，详细研究竞争店的促销媒介、频率、内容，然后采取对策。如果是广告牌，那就需要确认广告牌的设置位置和大小。不可忽视地区最大的广告牌所具有的提升知名度和招揽顾客的效果。

● **促销调查（竞争店名：○△店）**

媒体	大小/版面	次数	标题
广告单	B3	每月4次（星期五）	回馈促销
地区信息杂志A	4段展开	每月2次	回馈促销
地区信息杂志B			
地区信息杂志C			
电视广告	30秒	节目间的短广告	
广播广告	15秒×5次	冠名	提供节目
广告牌	8张榻榻米大小	附近8个	告知
DM	信封样式	每月1次	回馈顾客促销

● **本店的对策**

媒体	大小/版面	次数	费用
广告单	B3	每月4次（星期五）	200万日元
地区信息杂志A	4段展开	每月2次	30万日元
地区信息杂志B			
地区信息杂志C			
电视广告			
广播广告			
广告牌	8张榻榻米大小	附近12个	30万日元
DM	信封样式	每月1次×3000	30万日元

※通过促销调查发现，不可能在促销费用上胜过大型连锁店的○△店，所以，采取了相应的对策，即投放同样份数的广告单、在信息杂志上刊登同样次数的广告，然后比竞争店设置更多的广告牌。

要点 收集竞争店的广告单和信息杂志，汇总竞争店的促销信息。调查版面、广告频率、内容（标题）等。

2-10 意见听取调查的思路

● 意见听取调查的方法

为了了解竞争店的知名度或区域内的顾客对店铺的印象，需要进行意见听取调查。意见听取调查应从商圈内的不同地区选择调查对象。

调查时，可以采取 1 对 1 的个别调查或 3 至 5 人的小组调查。从听取顾客心声这一角度来讲，小组调查的方式更好。

意见听取调查最重要的是听到消费者（顾客）的心声。为此，要注意在自然的氛围中展开对话。应事先在准备好的意见听取调查表上汇总好想问的内容。

调查者一边担当主持人，一边准备好讨论内容。当然，调查数越多越好。但一般而言，10 至 20 人左右的调查最容易进行。

● 评论员调查可达到招揽顾客的效果

某殡葬公司为调查客户对本公司和竞争店的印象，向消费者听取了意见。评论员招聘主要是通过广告单和信息杂志等。

在这项调查中，一边开展意见听取调查，一边注意挖掘对殡葬比较关心的"潜在顾客"。调查内容是①本地区"您知道的殡葬公司是？" ② "对殡葬公司的印象如何？" 等。在一些对殡葬业印象不佳的地区，知名度超过 50% 的公司可对竞争对手展开详细调查，改变客户的印象，由此逆转形势。

如果有很多 "殡葬公司＝贵" 的负面印象，就采取 "让顾客感到价格适中" 的对策。如果是 "殡葬公司＝态度差" 的印象，就强化接待及区域间的交流。

此时，也询问下顾客对自己公司的印象，这有利于提高本店的形象，即推进地区品牌化。

设定意见听取项目

●殡葬公司的例子

意见听取项目	A 顾客	B 顾客	C 顾客	D 顾客	E 顾客	总评
价格体系清晰	×	△	△	×	×	×
殡葬公司的服务	○	×	○	△	×	△
殡葬公司的待客	○	×	○	×	△	△
对殡葬公司的印象	阴暗	恐惧	贵	阴暗	贵	阴暗 贵
地区最佳殡葬公司	A店	A店	A店	A店	A店	A店
是否知道自己公司	○	○	×	×	×	×

○＝好　△＝一般　×＝差

●参加意见听取调查的顾客的特点

顾客特点	居住区	属性
A 顾客	○○街 2 号	35–39岁，家庭主妇
B 顾客	○○街 1 号、○○车站附近	45–49岁，家庭主妇
C 顾客	○○街 3 号	35–39岁，公司职员
D 顾客	○○街 2 号、小学附近	35–39岁，商店经营者
E 顾客	○○街 3 号	40–45岁，家庭主妇

第 **3** 章

▼
▼
▼

与竞争店拉开差距的差异化方法

3-1 巧用差异化数字

●寻找"第一"

如果想成为地区零售业第一，需要在价格、备货、服务能力、娱乐性、选址、销售能力、固定客源和店铺面积等方面力争更多的地区或行业第一。店铺所具有的这些优势越多，就越可能成为一家生意兴旺的店铺。为了比同行业的竞争对手拥有更多的第一，需要进行竞争店调查。然后，依据调查结果采取有效对策，打造出与其他店铺有显著不同的独特性，让顾客一看就能明白差距所在。那么，实际应该怎样做才能营造出"与其他店铺的显著不同"呢？

●使用差异化数字拉开差距

这可以通过灵活运用第1章第6项所述的"差异化数字"达到。特别是，要成为零售业中的第一，必须拥有"第一的卖场面积"和"第一的备货（商品种类）"，这是铁则。从这个角度来讲，重点是利用心理学上的"1∶1.3"这一差异化数字，与其他店铺拉开显著差距。以影像出租店为例，如果想与5层货架陈列的竞争店拉开差距，则需要以5×1.3=6.5，即7层货架陈列，这样就能让顾客感到比竞争店的陈列密度高。关于卖场面积的差异化，为了强化长和宽的差别，要扩大长和宽各 1.3 倍，此时面积为 1.3×1.3＝1.69，约 1.7 倍。这样就能让顾客明显感到卖场面积之大。依照法律规定，在价格方面无法拉开差距的书店等则在面积和密度方面强化差别，竞争对手的卖场面积是 70 坪的话，自己的店铺则取 1.7 倍的 120 坪，对方是 90 坪的话，自己则为 150 坪，然后货架陈列也取 1.3 倍，这样就定能胜过对方了。

价格方面也采取同样的差异化数字。能让顾客感到安心的折扣率是 1∶1.3＝0.76（24% 折扣）、1∶1.7＝0.58（42% 折扣）。如果想让顾客感到便宜，就取 24% 的折扣，如果是特价商品，则将价格定在 42% 以下。

3-2 | 差异化的八个切入口

● 差异化的切入口

要让顾客来店并实际消费，就必须让顾客意识到你的店铺与其他店铺存在显著不同。拉开差距的重要切入口有以下8项。

①选址（商业聚集区）

②卖场面积

③店铺信誉

④商品力与卖场销售力

⑤促销和企划能力

⑥待客能力

⑦价格优势（低价感）

⑧服务能力（留住顾客的能力）

其中的①至③点，并不是马上就能做到的，所以称为"战略性的差异化"。尤其是①选址，一旦开了店就无法改变。②卖场面积可在重新装修时作出调整。③店铺信誉是中小企业和新兴企业所无法制胜的。但这是顾客在购买奢侈品时的决定要素。

与①至③相比，④至⑧能马上着手开展，所以称为"战斗性的差异化"。究竟应该重视哪一点,从何处着手,则由店铺的业态而决定。

●通过商品力拉开差距的方法

随着店铺的运营发展,①至③的战略性要素的比重增大。对零售业而言,最想差异化的是④商品力与卖场销售力。所谓商品力,是指"量(数量)、数(品种数)、幅(价格幅度)、质"等。可以在这些方面拉开显著的差距。商品力比较容易量化,运用数字之差(1.3倍、1.7倍)就可让顾客意识到与竞争店之间存在的差距。差异化的根本在于商品力,如何让顾客意识到自己在商品力方面比竞争对手强,通过这方面的差异可以判断店铺的强弱。

差异化的8个切入口

	项目	内容	特征
1	选址	选择最佳地点开店（通过店铺前的客流量等决定）。可废旧建新	战略性差异化项目。不能立刻更改。开店时要仔细调查商圈内的竞争状况
2	卖场面积	卖场面积地区最大。可在店铺装修时变更	
3	店铺信誉	指顾客对店铺的认知度及印象，全国连锁店或老字号店铺	
4	商品力与卖场销售力	商品的量（数量）、数（品种数）、幅（价格幅度）、质量差异	最能与竞争店展开比较、拉开差距的项目。容易用数据体现，运用差异化数字就可显著拉开差距
5	促销与企划能力	宣传单的发放频率与广告牌的大小等。在柜台举办活动等，招揽顾客	关于招揽顾客的项目，选址不佳的店铺会着力展开促销。在促销的内容和频率等方面与其他店铺拉开差距
6	待客能力	从业人员待客能力的强弱、商品知识、待客时间，以及各销售区的人员配备等	对于重视待客销售的零售业而言，可在从业人员待客水平方面拉开差距。对于服务业等而言，待客能力是与其他店铺产生差距的要素
7	价格优势（低价感）	一样的商品，是否比竞争店便宜？特价商品要让顾客感到价格明显便宜，由此吸引顾客	折扣店最重要的差异化项目。所有商品都比竞争对手卖得便宜吗？部分商品的价格明显便宜吗？这些战略很重要
8	服务能力（留住顾客的能力）	面对顾客的服务能力。积分卡、听取顾客的意见等	在服务的数量和内容上拉开差距

3-3 | 选址特征是实现差异化的最大要点

●寻找好的地址

零售店和餐饮店生意兴旺的关键在于选址。随着业态周期的发展，选址对于实现差异化越来越重要。

选址因业态和特性不同，有的是车站附近比较好，有的是郊区比较好。各有各合适的地点。所以重要的是搞清各业态的选址特征。由于地址一旦确定就很难改变，所以有必要在开店前进行认真调查。

在店铺调查中，应关注本店的商圈人口及店铺前的交通量。业态不同，适合的商圈人口和范围也不同。对于食品超市等顾客来店频率较高的行业，半径 2.5 公里以内的商圈人口应在 10 万人以上，人口密度越高的地区越好。

此外，人口流向也很重要。日本是左侧通行，所以早上中心商圈（上班方向）左侧的人流和车流比较多。所以对于希望顾客在早上繁忙时期光顾的店铺、便利店、街头咖啡店等而言，这就是好的选址。

相反，一般中午至傍晚的回家高峰期右侧比较拥挤，所以对于希望顾客能慢慢逛的店铺而言，这是好的选址。

●通行量调查是选址的关键

店铺前的通行量也是衡量选址时的重要指标。因为，销售额=店铺前的通行量×入店频率×购买率×单价。一般而言，销售额的参数、通行量越多，越可称为旺铺地址。此外，还需要根据由道路的形状等决定的入店的便利性等综合判断。

这些交通量和流向等的数据，可以通过实际计算早上和傍晚店铺前的交通量获得。如果附近有购物中心和商业街，那么会对招揽顾客产生很大的影响。综合考虑与竞争店之间的选址差异，在选址方面绝对处于劣势时，有必要考虑搬迁店铺（废旧建新）。

●店铺前通行量的调查（以郊区路边商店为例）

时间	私家车	商用车	合计	私家车的比例
10~11点	1500	500	2000	75%
11~12点	2000	700	2700	74%
12~13点	1200	400	1600	75%
13~14点	1000	400	1400	71%
14~15点	1500	700	2200	68%
15~16点	2000	700	2700	74%
16~17点	2500	500	3000	83%
17~18点	1500	500	2000	75%
18~19点	2000	700	2700	74%
19~20点	2000	200	2200	91%
合计	17200	5300	22500	76%

●选址的检查要点

检查项目	备注	检查栏
有多少私家车通过店铺前	理想状况是1万辆以上	
通过店铺前的私家车的比率	理想状况是60%以上	
100米前能看到店铺	招牌、店铺能看清	
店铺和招牌能看清店名	招牌的颜色和文字的大小	
停车位的数量	零售业的标准为每10坪一个 餐饮业的标准为每张桌子一个	
进入停车场的便利性	停车场入口有标识，入口处的 理想宽度是2辆车可通行的宽度	
进出的便利性	易于右转和左转	

3-4 以卖场面积取胜

●了解本店的卖场面积

卖场面积是拉开差距的关键所在。首先需要了解与竞争店相比，本店的卖场面积多大？理想的状况是，达到竞争店的 1.3~1.7 倍。如果卖场面积是 1.3 倍，上架密度也是 1.3 倍，就会让顾客强烈感觉到 1.7 倍的差异。

除了竞争店外，了解本店与商圈内同行业卖场总面积的比例也很重要。如果本店的面积比为商圈内同行业总面积的 11%~15%，就可确保 26% 的首位份额。

●拥有竞争店 1.3 倍的卖场面积

特别是很难在价格方面拉开差距的书籍、唱片、游戏软件等媒体业界，有效方法是在卖场面积上拉开差距。

关东地区的某影像租赁连锁店对卖场面积展开了调查。与竞争店相比，卖场面积达到 1.3 倍以上的店铺占了整体的 1/3。

相对于 2/3 的店铺，这家店在陈列密度上也采取 1.3 倍的策略，所以成功地将销售额提高了 120%。但是，最近一些大型租赁连锁公司相继开设了面积为 200 坪的店铺，受此影响，业绩有所减少。从卖场面积来讲，相对于 150 坪的同行店铺，采取了 1.3 倍的对策。货架也是 7 层，明显的面积差和数量差对客流量产生了影响。

但是，卖场面积的大小也因销售商品的不同而不同。并不是说只要大就好。价格昂贵、购买频率较低的宝石等，从库存金额和每坪效率关系来看，卖场面积是有一定限制的。

对于经营单价相对较低、购买频率较高的商品，卖场面积差会作为决定性要素。此外，卖场的商品密度（每坪的商品数量）也是考察卖场面积时的参考要素。

通过提高上架密度拉开差距

商品真多啊！

3-5 与竞争店拉开差距的差异化方法

●销售高价商品的店铺信誉

店铺的权威性和信赖感就是"信誉"。被称为"老字号"的店铺及全国性的连锁店等谁都知道的"品牌"就是信誉。信誉高的店铺，可以说是在向顾客销售信赖感。如今，"伪装""假货"泛滥，从长远来看，提高店铺信誉是很重要的。

"信誉高的店铺＝安心""值得信赖的店铺＝高价也能安心购买的店铺"。总而言之，信誉高的店铺比起信誉低的店铺更能"销售高价商品"。

●日积月累铸就品牌

说起回收店的高价商品，就会想起 LOUIS VUITTON 等高级品牌包。同样是 LOUIS VUITTON 包，日本全国有名的 KOMEHYO 店和地方的综合回收店的价格差达到了 1.5 倍。综合回收店销售 3 万日元的包在 KOMEHYO 店的售价为 4.5 万日元。那么，综合回收店的品牌包是否非常畅销呢？3 个月、4 个月过后，依然没能销售。这是因为顾客对其缺乏安心感和信赖感，所以高价商品的销售不佳。

店铺信誉是每天给顾客的"信赖"的积累。而且，这样的信赖的积累与"单价的提高"相关联。在综合回收店开业时销售不佳的高级品牌包，经过日积月累，很多在 3 年后都成了店铺的主力商品。

安心、有信用的店铺信誉的构筑正成为实现成熟化店铺的一大要素。

店铺信誉通过店铺每天的诚意及品牌的提升积累而成，与销售密切相关。

3-6 | 商品力＝备货是决胜关键

●创建兴旺店铺最重要的是"商品力"

战斗性差异化项目中最重要的是"商品力"。无论哪个行业，如果"商品力"差，销售就不可能提高。以零售业为例，选址再好、面积再大，只要没有"畅销商品"，就不可能生意兴旺。而且，"商品力"也是店铺信誉、品牌力提升的关键。从长远角度来看，"商品力"的强化与差异化是创建兴旺店铺的关键所在。

所谓"商品力"是指量（数量）、数（品种数）、幅（价格幅度）、质，即备齐与本店消费群体需求相符的商品。对策有如下 3 个。

①力争第一的销售规划

MD 是销售规划的略语，指店铺的商品力和商品构成。船井总研通过备齐"与本店实力相符的第一"商品种类，向拥有地区第一商品构成的店铺发展，从而推进"商品力"的强化。

本店和竞争店之间存在差距时，需要寻找本店能够胜出的范围、属性。以差异化数字为基础，策划该部门能与竞争店拉开差距的备货（量、数、幅）。从本店的实力商品开始着手进行强化。

②了解竞争店

以第一的 MD 为目标，需要进行"竞争店的备货和价格调查"。

③打造出数量多的氛围

以通过竞争店调查和实现 MD 第一而挖掘出的主力商品为主，在卖场营造量多的氛围。一些生意兴旺的店铺往往很擅长营造这样的氛围。

如陈列室一样整齐排列的店铺，很多都销售不好，也不能给人以兴旺的印象。与此相对，着力视觉效果的塑造，让顾客一眼望去感觉商品数量很多的店铺会让人感觉该店销售很好。

商品力强化的流程

盘点本店库存

将本店的商品分为主力商品、候补主力商品和其他商品

对主力商品和候补主力商品展开竞争店调查

找到能与竞争店拉开差距的量、数、幅、质

以竞争店调查为参考, 进行商品规划

3-7 以促销投入量一分高下

●导入期至成长期的店铺战略

宣传单等的促销是吸引顾客光顾店铺的重要手段。在行业和店铺的认知度较低的"导入期"和竞争店不断增加的"成长期",最重要的是告知顾客本店的存在。为此,促销投入量成为拉开差距的关键所在。特别是一些选址不好的店铺会通过积极开展促销提高知名度。该时期,为了促销和提高店铺知名度,使用"人、物、钱"等经营资源比较有效。

20世纪90年代,回收店开始以路边店的方式开设面积100坪以上的店铺,这是回收店的成长期。该时期,回收店还不是很多,发放宣传单的方式吸引了很多顾客。通过比竞争店更多的促销投入提高了知名度。为此,差异化调查也以促销投入量为重点而展开,关注①促销媒体②促销频率③促销版面的面积、大小等。以竞争店促销投入的1.3~1.7倍为标准,设立促销计划。

●店铺所处周期不同,促销也不同

然后,迎来转折点,进入"发展期""稳定期"后,促销的具体内容就会更加细化。因为要让顾客从众多店铺中选择本店,所以促销手段也多样化。零售业从宣传单一边倒向提高店铺信誉发展，借助了电视、广播等媒体，以及邮件广告等综合促销。相对于投入的促销费用，招揽顾客的效果低也在这个时期。此外，折扣店让顾客感到便宜，对新商品进行大幅打折等，有助于与竞争店拉开差距。宣传单和特价商品的策划让店铺很伤脑筋。当选址成为差异化的最大要素时，促销内容不同，让顾客来店的方式也会不同。竞争店使用怎样的媒体进行促销？策划中的促销如何展开？让人感到便宜的超特价商品该怎么确立？促销负责人必须以竞争店为基准进行策划。

● **家用电器商店的宣传单分析例子**

	竞争店 A	竞争店 B
宣传单大小	B4	B3
超特价商品	10 个	20 个
特价商品	20 个	50 个
刊登的商品数量	200 个	500 个

● **宣传单刊载的液晶电视机的价格比较**

商品名称	竞争店 A	竞争店 B
M公司32寸液晶电视机	69800	无刊载
T公司19寸液晶电视机	44500	无刊载
H公司19寸液晶电视机	49800	无刊载
S公司20寸液晶电视机	58800	无刊载
T公司37寸液晶电视机	134500	198000
H公司42寸液晶电视机	162000	178000
S公司26寸液晶电视机	74800	无刊载
P公司26寸等离子电视机	134800	无刊载
P公司37寸等离子电视机	134800	158000
T公司42寸液晶电视机	242000	238000
S公司32寸液晶电视机	76800	94800
P公司32寸等离子电视机	89800	93800
T公司40寸液晶电视机	142000	158000
S公司40寸液晶电视机	165000	158000
S公司46寸液晶电视机	198000	199800
T公司32寸液晶电视机	无刊载	74800
S公司37寸液晶电视机	无刊载	126800
H公司37寸液晶电视机	无刊载	198000
S公司52寸液晶电视机	无刊载	348000
P公司42寸等离子电视机	无刊载	188000
P公司50寸等离子电视机	无刊载	348000

单位：日元

· B店选择B3的大型宣传单大量刊载商品，整体而言，商品单价较高。
· 从宣传单可以推测B店的商品构成以高收入者为目标顾客群。
· A店多刊登小型、低价的电视机，B店刊登的多为大型电视机。

3-8 以待客能力拉开差距

● 人和人的关系可拉开差距

日本很多产业都进入了"成熟期"和"稳定期"。以往高度成长期的只陈列商品就能销售的时代已经一去不复返了。如今是商品过多的时代。而且，随着网络的普及进入了信息化时代，各类信息泛滥。有的商店的店员了解的商品信息甚至不如消费者。

因此，在高度消费、信息化社会中的一大差异化项目是人和人的关系建立。零售业和服务业提高"接待顾客的能力"和"店员的人性化服务"会有助于将来与竞争店拉开差距。

● 了解竞争店员工的水平

调查竞争店时，首先应了解店铺的从业人员数及卖场单位面积的员工数。预测人均销售额、毛利润，从实际待客判断员工水平。

例如，调查家用电器销售店的各店员工数量。大型 Y 电机平日 200 坪安排 4 位员工。每个人负责的卖场面积为 50 坪，范围相当大。而某地区 J 电器则是平日 200 坪安排 10 位员工，每人负责的卖场面积为 10 坪。差距很明显，去两家店铺购物时，店员的待客能力显然是 J 电器胜出，商品知识也是 J 电器的员工更为丰富。所以，比起价格，顾客更会因亲切感、安心感、信赖感而选择 J 电器。从待顾客数来讲，J 电器是 Y 店的 2 倍多，员工的工作热情也高。在这个地区，比起全国第一的 Y 电机，J 电器的顾客更多，这也是可以理解的。

如果想在接待顾客方面拉开差距，需要在人员构成、员工的教育培训水平、工作热情等方面与竞争店拉开显著差距。

对于难以量化的评价项目，以待客调查为主进行定性评价，对于卖场单位面积的人员等可视部分则在允许的范围内适当增加人员构成。

调查接待顾客方面的不同

【回收店的以旧换新】

顾客: 打扰了, 我想以旧换新。

员工: 2件商品。这个是11000日元, 这个是15000日元。

顾客: 价格能再高点吗?

员工: 这是本公司的买入价。 ← 冷淡, 不亲切

顾客: 明白了。

【高尔夫球店】

顾客: 石桥株式会社和邓禄普公司的最新高尔夫球的价格是多少?

员工: 石桥株式会社的最新款在这边, 邓禄普公司的最新款在这儿。价格是6万日元, 可打8折。 ← 折扣率的告知

顾客: 能打8折吗?

员工: 一般都是8折。这是商品目录, 还刊登了一些其他商品, 您可以看一下。 ← 立即给顾客资料, 亲切

【高尔夫球店接待初学顾客】

顾客: 打扰了, 我想开始练习高尔夫球, 应该买哪些装备呢?

员工: 有这样的套装。所需装备都有, 从第5个开始还配有轻击棒、UT和铁头球棒。

顾客: 只要有这些就足够了吧。 ← 推荐商品明确

员工: 还有鞋, 价格是1980日元起。

顾客: 球棒该怎么选择? ← 推荐低价商品, 让顾客感觉易于购买

员工: 一般是杆柄。供初学者使用的有R、SR、S三种, 一开始使用柔软的R比较好。此外, 就是握柄的感觉了。是不是轻, 这点比较重要。这个扣板比较厚, 容易击打。距离感会缩短, 能打中的感觉会增加。 ← 专业用语, 不适用于初学者

要点

分析竞争店员工与顾客的交谈。

分析员工具有的商品知识、待客的印象、主推商品的销售方法等。

可了解待客水平, 如"如果是自己店铺就会这样做", "这样的措辞很好"等。

3-9 价格差异化从价格战略的拟订开始

● 了解价格设定的规则

价格设定有一定的规则。如果价格差过小，店员就很难说明质量的差别，顾客也会难以理解。所以，最好删除不必要的价格。此外，如果价格差过大，从预算角度来看，顾客就不想购买价格更高的商品了。正因为如此，价格设定有一定的规则。

在价格调查中，了解竞争店价格设定的规则。对于本店欲设定的价格，竞争对手采取了怎样的对策设定价格、备货，这些都需要了解。关于竞争店调查中的"价格差异化"，首先需要判断本店想设定怎样的价格区间出售商品，怎样的价格能够销售。此外，与竞争店的定位不同，应采取的价格战略也不同。

价格战略大致可以分为两类：①强者（第一店）价格战略；②弱者（第三、四店）价格战略。调查这些店铺想拉开差距的部门和各单品的价格、数量，将价格和品种汇总成表。

● 定位不同价格也不同

制作如下图的"价格×品种"的图表，强者的价格战略是覆盖竞争店的形式，进而销售比竞争店单价高的商品。弱者的价格战略是比竞争店便宜。此时，必须注意的是不和强有力的竞争店直接竞争，注意区分"优势商品"和"劣势商品"。为了提高销售额，需要强化市场份额较高的商品，但如果将销售份额最高的商品做强，就会很显眼。可以的话，选择第一店不太关注的占据第三、第四份额的商品。

　　价格也以 $1 \div 1.3 = 0.76 = 24\%$ 的比例，低于竞争店设定。调查价格时，本店应采取的价格战略为明确强项和弱项，然后设定价格上限、价格下限和批量价格。

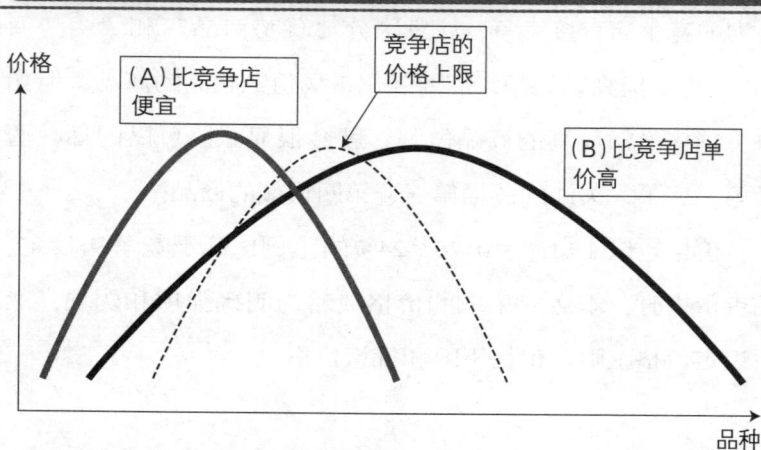

①价格想比竞争店便宜，批量价格区间就要往左拉（A）

②比竞争店拥有更高的品牌价值、以较高价格出售的店铺要拉开价格区间，将批量价格往右拉（B）

③如（B）所示，扩大价格区间、覆盖竞争店的是第一店的备货方式

④本店的定位不同，价格区间也不同

●简洁明了的价格设定也是价格战略之一

无价格差战略的店铺的定价	→	有价格差战略的店铺的定价
149		100
159		300
169		500
209		700
249		1000
259		

3-10 | 固定客源的差异化项目！服务能力

●设置体系，增加回头客

为了让店铺生意兴旺，必须让顾客多次光顾本店。有无固定客源的方法、增加回头客的体系也是差异化的关键所在。

固定客源的方法，表明上很难看出。在调查其他店铺时，要考察其增加回头客的体系。为了了解该体系和具体内容，需要成为竞争店的老顾客或者会员，实际确认其面向会员的各项服务。

需要实际体验并思考面向会员的服务种类、服务质量，如调查积分卡的积分兑换比率，或者邮件广告等的通知频率。大型企业积分卡的积分兑换比率、发行数量、利用率等是公开的，有很多资料可供查询、参考。最近，很多行业的积分卡给店铺带来了很大的影响（决定是否购买），如家用电器销售店的积分卡之战。

●提供独特的服务

在日本，影像租赁业由 2 家大公司垄断，状况不容乐观。两家企业都发行会员卡，并与其他行业合作，在餐饮店和航空公司消费也能积分。在影像租赁业，发行会员卡是理所当然的，是向会员提供附加价值。某地区的租赁店探讨了提高会员卡附加价值的服务。商圈内已经有业界两大公司的分店。因此，比较探讨了会员卡的服务，确定了积分的兑换比率。而且，考虑到顾客来店消费时对积分卡的服务印象比较淡，所以对于租赁 3 件以上的顾客采取了"立减现金 50 日元"的举策。由于开展了独特的服务，租赁件数比上一年增加了 5%。

服务力的差别是看不见的，重要的是通过服务比较和消费者意见听取调查等，找到自己的独特之处。

提供本店独特的附加价值

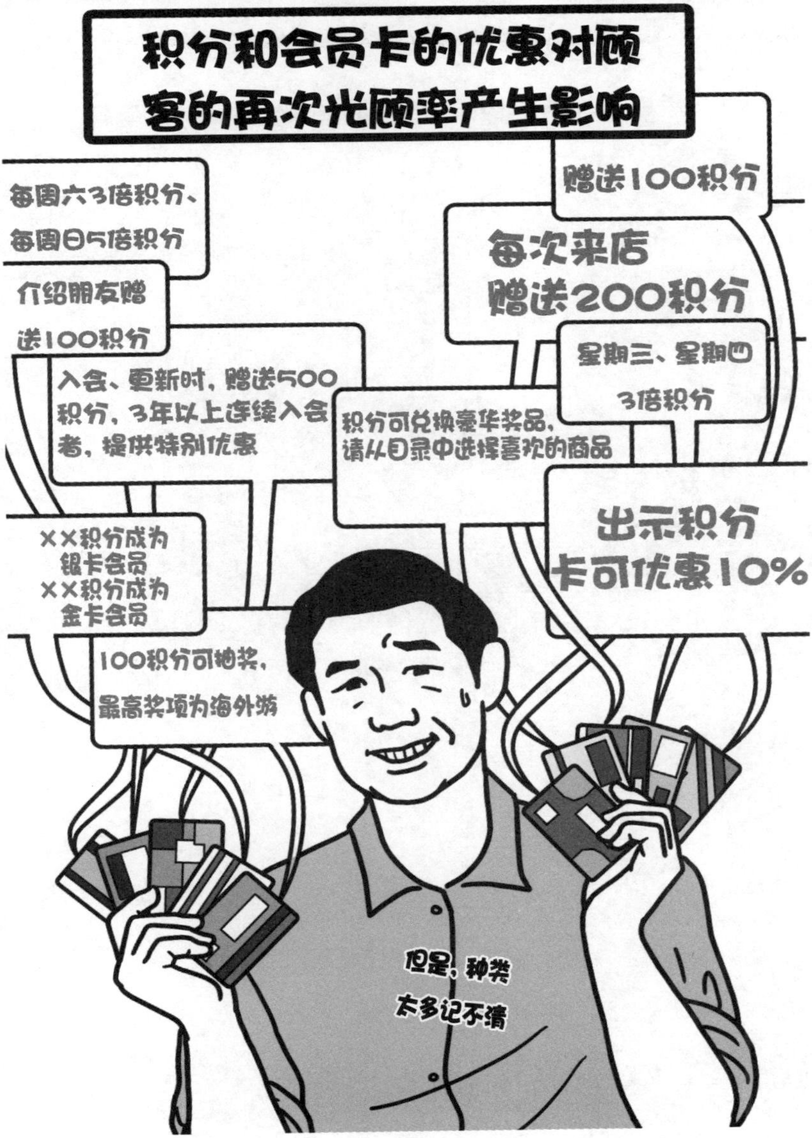

第 4 章

▼
▼
▼

选址和商圈调查

4-1 | 战略、选址调查是提出竞争对策的前提

●战略性调查和战术性调查

竞争店调查大致可以分为战略性调查和战术性调查。

战略性调查是指业界的动向、商圈调查、选址特性、卖场面积比较、店铺信誉等与店铺存在相关的要件。

特别是决定开设店铺时需要进行细致的调查。战略性调查中最为重要的是"选址"。在商圈内拥有第一的选址是成为"地区第一"的必要条件。战略性调查项目除了考虑开店、搬迁之外，很难改变。因为这是考虑竞争对策时的前提，所以有必要进行分析。

与此相对，战术性调查以备货、促销力、待客力、价格力等商品构成为主，可在竞争店调查的基础上采取对策。

而店铺格局、陈列密度、是否干净等印象属于判断每日店铺实力的战斗性调查。

●把握本店的位置

战略性调查项目中重要的是明确本店和竞争店的位置。必须了解与竞争店相比，本店的选址是好还是坏，卖场面积的大小等不同的地方。把握商圈内竞争店的选址和卖场面积，了解商圈的特点和销售目标的动向等，然后考虑畅销商品的

备货和服务。

例如，A 店和 B 店，哪家销售额提高了，哪家店铺、哪个商品最畅销。需要了解商圈内竞争店的特点，确立设定对策时的判断基准。关于商圈内的所有店铺，应整理卖场面积、销售商品等基本信息，汇总成表。

采取竞争店对策前，首先要收集有关商圈特点的资料并展开调查，这样，竞争店对策就能更直观、更有效。

商圈基本调查项目和来源

	主题	项目	资料来源
1	人口、家庭数	居民基本登记人口、家庭数	总务省自治行政局
		国情调查人口、家庭数	总务省统计局
		各年龄层、性别人口	总务省自治行政局
		昼夜人口比	总务省统计局
		未来人口推算	国立社会保障、人口问题研究所
		单身家庭比	总务省统计局
2	居民特点	收入差	总务省自治行政局
		银行存款余额	地区经济总览
		高额纳税者数	地区经济总览
		房产比率	地区经济总览
		每户家庭的占地面积	地区经济总览
		拥有汽车的数量	地区经济总览
3	地区特点	各产业就业人口	总务省统计局
		动工住宅户数的增长率	地区经济总览
		各不同用途的地价、上涨比率	地区经济总览
		金融机关店铺数	地区经济总览
		民营事务所数量	地区经济总览
		每年游客数量	市街村办事处
4	商业特点	零售业每年销售额	商业统计
		零售业商店数量	商业统计
		零售业卖场面积	商业统计
		卖场每平方米的人口	商业统计
		饮食业销售额	商业统计
		餐饮店铺数量	总务省统计局
		超市数量	日本超市目录
		零售吸引人口	地区经济总览
		大型零售店的销售额	流通企业年鉴
		大型零售店的卖场面积	全国大型零售店总览
5	市场规模	家庭收支调查，各品种的消费支出	总务省统计局
		零售业年销售额	商业统计
		市场大小	船井综合研究所

4-2 | 设定本店的商圈

●根据业种、业态考虑商圈

开始调查前重要的是设定商圈。商圈是指本店销售所涉及的区域。商圈范围因业种、业态的不同而不同。商圈人口和"业态及店铺规模"相关。简单而言，随着店铺规模的扩大，商圈也扩大。可以这样考虑，商圈人口 1 万人（便利店的成立商圈）是徒步 10 分钟以内的范围，3 万人（超市的成立商圈）是指骑自行车 10 分钟以内的范围，7 万～8 万人（郊区店的成立商圈）是指开车 10 分钟以内的范围。

以顾客就近前往的店铺的平均移动距离来考虑的话，比较多的是离家 10 分钟以内的店铺。顾客光顾的是时间上、心理上都适合前往的店铺。而且，日本与欧美相比，平地偏少，山川偏多。所以，还必须考虑高速公路、大河、铁道、山等地理上的要素。

●使用宣传单设定商圈

也有人将宣传单的配发区域考虑为商圈。此时将宣传单的分发区域视作商圈。长年经营的老店铺，随着经营年限的增加，初期设定的商圈也会发生变化。也可根据宣传单的效果变更商圈。

例如，回收店配发"回收宣传单"。因为回收时会问及顾客的姓名和住址，所以可以在地图上做标记，以了解哪个配发宣传单的地区的顾客来店比较多。以此考察宣传单的分发效果，很多时候会发现，以前视作商圈的某地区的顾客比较少，实际商圈范围并不如想象的那么大。

把握实际商圈大小的有效手段是分析宣传单的派发效应。没有机会询问顾客住址的行业可以在收银处询问，或者以"持宣传单来可领取礼物"的方式，测定有效区域。

设定本店商圈的方法

●根据顾客到店铺的距离来考虑

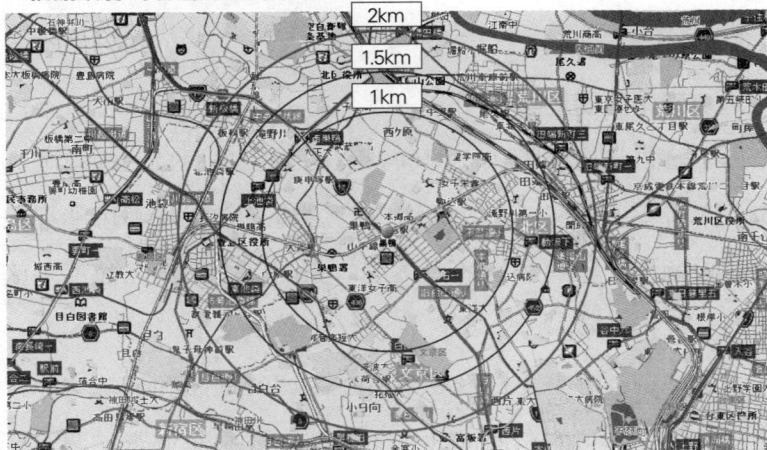

●商圈选址分析表

大分类	号码	项目	分数	○○车站		○△车站		△△车站	
				数值	分数	数值	分数	数值	分数
基本静态资料	1	商圈人口（常住人口）	10	285905	8	381520	10	181880	6
	2	商圈家庭数	10	153948	9	179393	10	93548	6
	3	40岁以上女性人口	20	78555	14	106015	20	50746	10
人口吸引力	4	人口吸引力	5	134%	2	101%	2	626%	5
	5	商业人口	5	383794	2	385595	2	1139208	5
	6	大型（3000平方米以上）卖场店铺数	5	5	3	13	5	12	5
	7	百货商店 店铺数	3	1	1	3	2	6	3
	8	综合超市 店铺数	1	4	1	7	1	1	1
	9	专卖超市 店铺数	1	42	1	61	1	49	1
潜力指数	10	自有房产数	5	70837	4	83575	5	46620	3
	11	独栋住宅数	5	24886	2	40424	4	20112	2
	12	人口增减率	5	10.1%	5	7.1%	4	16.3%	5
	13	1000万日元以上家庭数	5	4	4	5	5	3	3
竞争指数	14	竞争店铺数	10	27	6	53	3	39	5
	15	主力竞争店铺数	10	0	10	4	6	4	6
总计			100		72		80		66

※简易选址分析表，分数参照船井总研的分数分配表。

4-3 | 用自己的眼睛和脚确认商圈

●制作商圈地图

了解自己店铺所在商圈的特点的捷径是用自己的眼睛和脚实际考察。仅在地图上确认自己店铺的商圈是不可能提出与真正的地区特点相符的对策的。为此，必须实际前往地区周边，进行考察。

实地调查时需要自己店铺所在区域的地图和笔。实际行走于地图上标识的东西南北主干道路，或乘车调查。调查区域设定为徒步行走或开车5分钟内的商圈、10分钟内的商圈、15分钟内的商圈、20分钟内的商圈。实际步行或开车前往，在地图上标识5分钟能到达的区域和10分钟能到达的区域。

虽稍有点粗略，但只要将东西南北方向能到达的记号连起来，就是依照时间区分的商圈。5分钟商圈、10分钟商圈等，以不同颜色的笔标注的话，看起来就很明了。

●通过实地调查，了解商圈特点

然后，列出通过实地调查确定的各商圈的街道人口。各街道人口可以询问各市、街、村的办事处（最近也刊登在其主页上），再将商圈内的各街道的人口相加。

开车进行的实地调查，由于交通状况有所变化，所以需要分工作日和双休日前往。5 分钟商圈是一次商圈，主要顾客的居住区。10 分钟商圈是二次商圈，顾客利用本店频率较高的商圈。15 分钟商圈是三次商圈，可考虑为本店的最大商圈。此外，要详细调查一次商圈。需要收集一次商圈内的学校、公司、工厂、医院、购物中心等所有地区信息，整理通过实地调查获得的有关学校举办的活动、购物中心的特卖信息、哪家超市生意好、是年轻人口多还是老年人多等信息。很多行业将半径 2.5 公里划为郊区店的一次商圈。此时，需要确认人流和车流的实际情况。一边将人流和车流状况标识在地图上，一边确认"这条路的人流是由东向西""由北向南"等信息，这对于吸引顾客很重要。

通过实地调查获得的信息

步行
确认地区特点

106

4-4 | 计算商圈内的市场规模

●调查市场大小

确定了地区商圈，并知道商圈内人口数，接下来就可以计算出商圈内的市场规模（MS）。商圈内的市场规模请根据船井总研的 MS 表（第 10 章第 5 项）计算。MS 是每年每人购买该商品支出的金额。由 MS 计算市场规模的方法是 MS×商圈内人口。

商圈内的市场规模分一次商圈、二次商圈、三次商圈算出。根据计算出的市场规模，制作一次商圈、二次商圈、三次商圈的销售额份额表。然后，根据该表计算出本店的一次商圈份额、二次商圈份额、三次商圈份额，把握商圈内本店的位置。当然，一次商圈的份额比率会较高，在一次商圈确保 26% 以上份额的店铺在该地区的经营是比较稳定的。

●计算本店和竞争店的排名

知道了大致的市场规模，就可推算出本店和竞争店的位置排名（以份额为序）。通过份额可以判断本店和竞争店的排名。这个排名对竞争店对策很重要。

竞争店的销售额，可通过竞争的卖场面积和每坪的效率计算出，或者通过收银处的顾客数、餐饮店的座位数计算出。

收银处顾客数的计算方法是，调查竞争店每小时结账的平均顾客数量，确认比自己店铺多多少或少多少。例如，工作日13~14点收银处的顾客数量是自己店铺的120%，假定顾客支付金额是同样的，那么就可推算出销售额比自己店铺多20%。数十次反复调查每小时结账人数，通过本店和竞争店的结账人数差就可大致预测销售额。关于顾客单价，同样可通过结账顾客的购入商品加以推测，进而推算销售额。例如，观察休闲服专卖店的顾客，大多数的顾客购买衬衫3件、牛仔裤1条，此时，衬衫的平均单价800日元，牛仔裤1条5000日元，那么可推算每位顾客的结账金额为7400日元。

份额的计算公式

销售额=市场大小×份额

$$市场大小 = \frac{该行业或该商品在整个日本的销售额}{日本的总人口}$$

$$份额 = \frac{销售额}{市场大小×商圈人口}$$

● 份额排名

商圈内份额	商圈内排名
26%	1 号店
19%	1.5 号店
15%	2 号店
3 % ~ 7 %	3 号店以下

4-5 调查商圈内的竞争店

●把握竞争店的位置

商圈确定后，在地图上标出竞争店。所谓竞争店是指经营同样的商品、提供同样服务的店铺，其目标顾客群和商圈相同。

关于商圈内的竞争店，要从电话号码本的业种检索改为在地图上进行标识。同时要在地图上标出一次商圈、二次商圈、三次商圈、竞争店的位置和数量。为了采取竞争对策，从距本店的距离和份额来判断比较合适。

例如，在本店和竞争店的关系中，本店位居地区第4时，从竞争原理来看，应成为集团统率牵制2号店。商品、服务的竞争对策的设立，与其以1号店为目标，不如选择2号店、3号店、5号店等排序居下位的店铺，这样效果更好。

但是，1号店是商圈内的统率，一切都以1号店为主。1号店的备货、服务内容是判定商圈内备货和服务好坏的标准，所以必须调查1号店并采取对策。特别是1号店位于本店的一次商圈内，2号店以下位于三次商圈以外时，必须以最近的1号店为竞争对手。

●一次商圈的竞争店对策最重要

作为竞争店对策，必须要注意的是一次商圈、二次（三次）商圈内的 1 号店和一次商圈内的竞争店。对于一次商圈内的竞争店，应提高竞争调查的频率，进行极为细致的调查，如以收集到的地区信息为基础举办的店头活动和促销等。获得一次商圈内的顾客意味着店铺的存续，会产生很大的影响。关于二次商圈、三次商圈内的竞争店，从距离来看，会占有一定的心理优势。因为顾客一般会选择比较近的店铺。反之，如果在一次商圈内拥有较多的竞争店，那么该地区的竞争就会很激烈，对策也会变得相对复杂。

调查商圈内的竞争店

● 在地图上标出竞争店

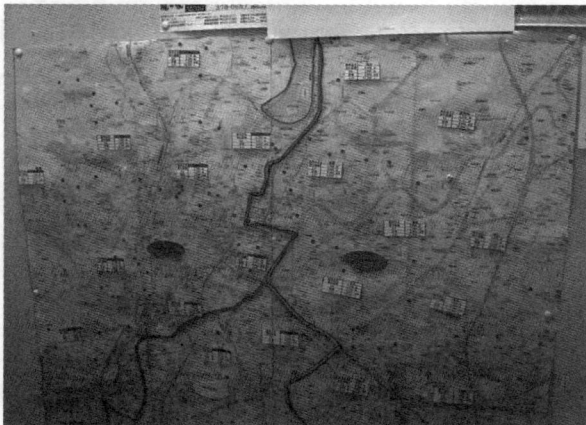

● 商圈的基准

	时间距离的基准	内容
一次商圈	· 徒步（半径500米左右） · 自行车（半径1公里左右） · 汽车行驶10分钟（半径3公里左右）	· 基础商圈，可称为每日商圈 · 日常没有抵触感前往的范围 · 便利店、超市的主要商圈
二次商圈	· 汽车行驶20分钟（半径5公里左右）	· 可称为周末商圈，所以偶尔前往也没有抵触感 · 小商圈业态，促销时派发宣传单有效的范围 · 郊区店铺多将该范围作为目标商圈
三次商圈	· 开车或坐电车30分钟 · 开车20分钟（半径7~10公里）	· 可称为每月商圈。没什么特别的事不会前往的距离 · 大型购物中心、大型专卖店将该范围作为目标区域

要点
在地图上标出本店和竞争店的商圈。
列出本店的一次商圈、二次商圈、三次商圈的竞争店。

4-6 | 直接竞争店铺为 2~3 家

●竞争店较多的场合

确定本店的商圈后，需要选择处于直接竞争关系的竞争店。食品超市和便利店等店铺数较多的行业，商圈内同一行业的店铺有十几家的状况不少见。所有的店铺都可以说是竞争店，但是，处于直接竞争关系的一般为其中的 2~3 家。实际上哪家店铺是竞争店呢？这需要仔细思考和调查。这点非常重要。

谈起竞争店，往往会以地区 1 号店为对象。如前所述，本店和竞争店的份额（位置）不同，实际竞争的店铺也不同。作为最终目标的 1 号店的调查是必不可少的，但是，商圈内的竞争店调查，能对不同的对象，采取不同的频率、调查不同的内容，从而进行高效调查。选择这样的竞争店铺也是开展调查的重要一步。

●不同的部门，调查不同的店铺

各店铺的直接竞争店为 2~3 家。不同部门的竞争店铺也不尽相同。例如，某大型超市选择了 A、B、C 三家店铺为竞争店。但是，D、E 店的男士服装的卖场面积比较大，实际处于直接竞争关系。此时，各部门设定不同的竞争店，并需要

113

负责人对此进行检查。必须注意的是，如果将店铺的竞争店设定为 A、B、C，那么会只对这些店铺展开调查，从而难以把握不同部门的竞争状况。特别是不想屈居第二、想成为第一的主力部门，必须关注地区强有力的店铺。为此，对于主力部门，可以让部门负责人分别进行各部门的调查，并采取相应的对策。但是，竞争店铺过多的话，对策就会很分散，无法产生效果。所以，应将竞争店铺控制在 2~3 家，牢牢把握应采取的对策。为此，需要各部门负责人强化对竞争店卖场的调查，提高竞争意识。

了解本店和竞争店各部门的竞争状况

●以大型超市为例

部门	竞争店 A	竞争店 B	竞争店 C	竞争店 D	竞争店 E
食品	◎	○	△	△	△
男士服装	○	△	△	◎	○
女士服装	○	◎	△	△	△
杂货	△	○	◎	○	△
家电	○	◎	○	△	△
总评	○	◎	○	△	△

◎直接竞争的状态　○竞争状态　△不竞争

> 总体来看，B店的竞争最强。从部门来看，区域内食品竞争最强的是A店，男士服装是D店。主力商品为食品的店铺必须要注意超过A店。想强化男士服装商品的应以D店为目标。

●根据位置决定竞争的思路（以船井竞争法为参考）

	从自己的立场来看	从竞争力原理来看	从份额原则来看
1号店的战略	①不竞争 ②以本店为中心稳定竞争市场 ③采取逐步覆盖的战略 ④不出现超竞争市场	不让2号店变强 打败2号店	占42%以上的份额
2号店的战略	①尽快具备与1号店对抗的能力 ②关于与3号店以下的关系，让竞争市场时常处于不稳定的状态 ③激励3号店以下，使得1号店的覆盖策略不可能 ④与3号店以下拉开绝对差距	拥有1号店80%以上的实力 打败3号店，养精蓄锐与1号店竞争	占有26%以上的份额
3号店的战略	①与1号店结盟 ②与4号店以下拉开绝对差距 ③牵制2号店 ④关于与2号店的关系，让竞争市场时常处于不稳定的状态	拥有2号店80%以上的实力 打败4号店以下，养精蓄锐与2号店竞争	预防1号店占据42%的份额。预防1号店建立稳定的市场
4号店的战略	①成为集团统率。理念、资质是关键 ②设定弱者联盟的条件 ③将集团壮大到能与1号店匹敌 ④牵制2号店		
5号店的战略	①让强有力的竞争对手不对自己持有竞争意识 ②与1号店共存。在同一秩序中轻松生存 ③将不参与竞争的决定向外发散，走近顾客		

4-7 选址调查的要点

●进行选址分析

确定了直接竞争店铺，就要进行竞争店的选址分析。选址分析的要点是站在顾客的角度，对前往店铺所花的时间、距离进行比较，店铺间的知名度之差、店铺进出的便利性之差的比较。

调查竞争店和本店选址的优势时，需要关注店铺前的交通量。根据店铺前的通行量、拥堵程度、中央分离带的有无、周边的商业状况，是否上下班、上下学的必经路线等加以判断。通行量调查的理想状况是对商圈内的所有店铺进行调查，但是竞争店比较多的时候，可以只以直接竞争的店铺为调查对象。

关于主要道路的交通量，日本国土交通省有相应的调查资料，可以加以收集。

●调查店铺前的通行量

店铺前的通行量对招揽顾客很重要。店铺前通行量的调查通常可以计算店铺前 3 米内的人流（汽车则以单向车道为基准）。因为再远的话，就很难注意到店铺。店铺前通行量的调查不仅要通过资料获取，还要实际前往现场进行计算。因

116

为很多时候资料与实际数据并不相符。

　　而且，实际前往现场，还能掌握顾客层次、随身携带物品等数字难以反映的信息。调查竞争店的交通量时，要分工作日和双休日两次进行实地调查。如果能一整日调查当然好，实际上也可以选择早中晚三个时间段分别调查一小时。

　　决定开店时，认真计算店铺前的通行量，以对开店做出正确判断。在竞争店调查中，作为判断竞争店和本店不同差异的基础资料，可通过各个时间段店铺前通行量的多少予以判断。

　　想要开设比竞争店选址更好、卖场面积更大的店铺，应选择店铺前通行量为竞争店 1.3 倍以上的地方，这样才能高效制胜。

●选址的优先顺序（以回收店为例）

1	首先调查附近的商圈人口，特别是一次商圈

都市型（半径2.5公里、10万人～）

都市近郊型（半径5公里、10万人～）

地方都市型（半径7.5公里、10万人～）

2	店铺前的通行量

计算店铺前的最少通行量，以大于等于最少通行量为第一条件

1等地（8～20点的通行量>1万辆，其中私家车的占比>60%）

2等地（8～20点的通行量>8千辆，其中私家车的占比>60%）

3等地（8～20点的通行量>6千辆，其中私家车的占比>60%）

※至少达到3等地以上才作为新店地址

3	招牌、店铺是否醒目

从主干道路来看，招牌、店铺本身是否醒目，能一下子就找到吗

4	店铺进出的便利性

5	选址时应详细确认的项目

①店铺前通行量多的地方（计算单向车道的交通量）

　8～20点1万辆以上（其中私家车占比在60%以上）

②店铺容易辨认（平均时速2倍以上的距离，如果平均时速是40公里，那么在80米开外就能清晰辨认店铺招牌和店铺本身）

③女性进出方便（停车场入口处宽一点为好）

④从店铺出来时左转、右转都比较容易

⑤学生数在1万人以上的大学在商圈内（休闲服易销售）

⑥收入指数高于全国平均数（高价商品易销售）

⑦人口在增加（容易买进）

⑧停车场的停车位为每10坪1个（100坪10个）

⑨半径2.5公里（都市）、5公里（郊区）、7.5公里（地方），人口在10万人以上

⑩每坪租金在1万日元以下，最好低于7000日元

⑪最好没有中央分离带

⑫避开弯道附近和上下坡附近

⑬店铺前的平均时速最好在30公里以下，没有交通拥堵现象

⑭同一道路沿侧或附近有物品销售店（服装、书等）。避开饮食一条街的地方

⑮位于量贩店等地区1号店附近

⑯停车场不向外延伸。从道路就能辨认店铺

要点 进行各行业选址的要点。比较本店和竞争店的选址条件。

4-8 | 通过战略性调查判断本店和竞争店的位置

●根据卖场面积预测销售额

竞争店的卖场面积可通过地板的瓷砖或天花板的面砖等计算。为了今后能一看便知，平时要养成目测卖场的习惯。如果想了解大型店铺的卖场面积，可参考《DIY 家庭用品商店综合市场年鉴》等资料。

卖场面积是预测、判断竞争店销售额的基准。以拥有300 坪卖场面积的综合回收店为例，如果知道店铺的商品力和兴旺程度，就可根据调查预测销售额。

不景气店铺：商品力弱、陈列数量少

300 坪×2 万日元（每月每坪的销售额）＝600 万日元

一般店铺：商品力、陈列数量都一般

300 坪×3 万~4 万日元＝900 万~1200 万日元

兴旺店铺：商品力强、陈列数量多

300 坪×5 万日元＝1500 万日元

如此推算。行业不同，销售额的基准也不同，所以需要事先了解该行业的平均销售额。

●制作各竞争店的卖场比较和销售额预测表

决定店铺优劣的重要战略性项目之一是卖场面积。一般而言，卖场面积和商圈范围是成比例的。卖场面积大、货品丰富的店铺的顾客范围更广。

一定要调查区域内竞争店的卖场面积，并制作卖场面积比较表。有调查指出，以综合回收店为例，50 坪以下的店铺的最大商圈为半径 2.5 公里，100 坪左右的为半径 5 公里，200 坪的最大商圈为半径 7 公里。

比较各卖场的构成和面积，哪家店铺的卖场面积是商圈内最大的，自己店铺要采取对策的话，应怎样改变卖场面积的构成等问题在推进店铺建设时都很重要。

根据竞争店的面积预测销售额

●以综合回收店为例

	月平均坪效率(万)			A 市场				B 店				C 店			
	不佳	平均	兴旺	坪数	坪效率	销售额	年销售额	坪数	坪效率	销售额	年销售额	坪数	坪效率	销售额	年销售额
家电	5	8	10~	32	8	256	3072	15	5	75	900	20	5	100	1200
家具	2	3	5~	156	2	312	3744	136	2	272	3264	75	2	150	1800
服装	2	5	10~	22	5	110	1320	15	2	30	360	0	2	0	0
礼品、杂货	2	4	5~	11	4	44	528	17	5	85	1020	4	2	8	98
品牌	10	20	40	15	20	300	3600	3	10	30	300	0	10	0	0
珠宝、黄金	20	50	80~	1	50	50	600	0	50	0	0	0	20	0	0
嗜好品	3	5	10~	2	5	10	120	0	0	0	0	0	3	0	0
运动、钓具	5	10	30~	2	10	20	240	0	0	0	0	0	5	0	0
乐器	3	5	10~	10	5	50	600	0	0	0	0	0	0	0	0
其他	3	5	10~	67	5	335	4020	115	3	345	4140	47	3	141	1692
合计	2	3	5~	318	5	1487	17844	301	3	837	10044	146	3	399	4788

（表头：一次商圈内竞争状况预测）

*单位：万日元

	MS(日元)	自家店市场份额		自家店年销售额	自家店市场份额		一次商圈内竞争状态预测					
		一次商圈	二次商圈		一次商圈	二次商圈	A 店		B 店		C 店	
							销售额	份额	销售额	份额	销售额	份额
家电	1500	22687	76462	4800	21.18%	6.28%	3072	13.54%	900	3.97%	1200	5.29%
家具	1000	15124	50974	5400	35.70%	10.59%	3744	24.75%	3264	21.58%	1800	11.90%
服装	2000	30249	101949	4800	15.87%	4.71%	1320	4.36%	360	1.19%	0	0.00%
礼品、杂货	1200	18149	61169	1200	6.61%	1.96%	528	2.91%	1020	5.62%	96	0.53%
品牌	1200	18149	61169	2400	13.22%	3.92%	3600	19.84%	360	1.98%	0	0.00%
珠宝、黄金	300	4537	15292	300	13.22%	3.92%	600	13.22%	0	0.00%	0	0.00%
其他	300	4537	15292	2400	52.89%	15.69%	0	0.00%	0	0.00%	0	0.00%
合计	7500	113433	382308	21600	19.04%	5.65%	12864	11.34%	5904	5.20%	3096	2.73%

*单位：万日元

●业界平均的经营指标（单位1千日元：每年）

	女士服装零售业	儿童服装零售业	鞋子零售业	酒类零售业	便利店
每坪效率	3428	3116	2362	6849	6124
每人销售额	21275	23143	18687	35001	53117

小型企业的经营指标（2014年版 国民生活金融公库）

要点

根据竞争店的卖场面积预测销售额。

计算出业界平均的不景气店铺、一般店铺、兴旺店铺的每坪效率后就很容易预测。

4-9 | 调查商圈内的人流和物流

●不同时间段的人流和车流

应定期调查商圈内的人流和车流。首先是光顾自己店铺的人流和车流。这需要调查东西南北方向的主干道路。

工作日、双休日、节假日的人流和车流是不同的。一般而言，工作日上午从住宅区前往上班所在地，中午开始从住宅地前往商业区的人流会增多。到了傍晚下班时间，形成与上午相反的流向。而双休日的人流和车流是不同的。通常上午至下午 3 点左右是前往商业区和娱乐设施区。到了傍晚则相反。

抓住了人流和车流，就得到了○○街的居民前往××市上班、○○街的大多数居民前往△△地购物等信息。

●人流车流和竞争店

在地图上标出了本店商圈内的人流和车流后，就需要考虑和竞争店的位置关系。

○○市的大多数居民都前往××市上班，上班途径的国道上有竞争店 A。从流向来讲，○○市○○街的居民先经过 A 店，然后通过本店，前往上班所在地。相反，下班时，则先经过本店，然后才是 A 店。平时设法吸引○○街居民在下班时光顾本店，就有可能比 A 店拥有更多的顾客。

但是，节假日顾客大多前往与本店相反方向的商业区。节假日，〇〇街居民很少光顾本店的原因就在此。此外，人流还会因新修建的环线及商业设施而改变。以前，人流和车流都很多，但由于修建了新的道路和商业设施，使得顾客大量减少。这样的状况有很多。

计划建造新的商业设施和环线时，就可预测人流的变化，进而可早日采取对策，如利用积分卡等固定客源。

把握商圈内的人流

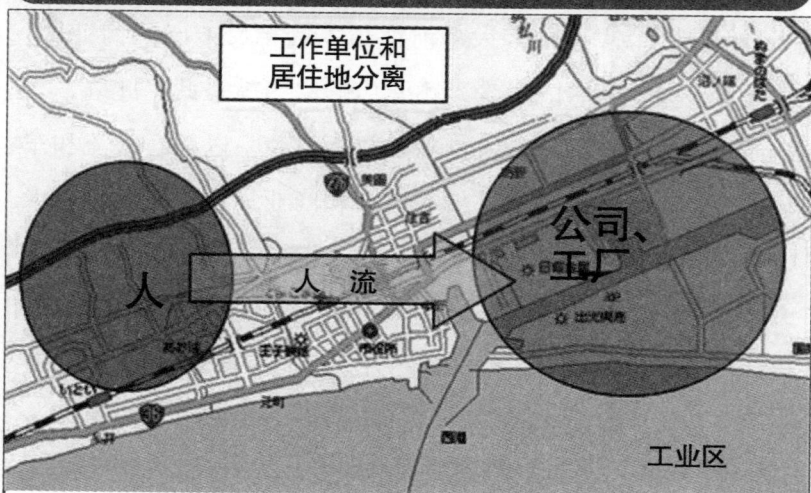

工作单位和居住地分离

人

人 流

公司、工厂

工业区

把握早晨（上班时）、中午（主妇购物）、晚上（回家时）的人流和车流

在地图上标出人流，使得商圈内的顾客流向一目了然

根据人流确定店铺和招牌的位置

人流容易改变，因此应定期调查

124

4-10 以环境原因为参考，确定店铺的发展方向

● 创建兴旺店不可或缺的竞争店调查

了解地区竞争店的卖场面积和商圈的特点是制订店铺理念和战略的基础。不知道地区竞争店的实力和商圈的特点，就盲目运营店铺的话，是很难让店铺兴旺的。

通过战略性调查，能认清本店和竞争店之间存在的差异，确认本店的理念和战略是否一致。

通过了解选址和卖场面积方面的不利因素及店铺信誉等，就能判断该与哪家店铺拉开差距，该以怎样的理念来拉开差距。此外，了解了商圈的特点，就能在其他店铺没有注意到的地方拉开差距。

在实际进行商品调查、采取战术性对策前，需要进行战略性调查，设定、修改店铺的理念。

● 有效利用商圈概念表

商圈（环境）调查应每年进行一次。以调查内容为基础，将本店的商圈汇总在概念表中。概念表并不是事业计划书那样的样式，而是用于基本条件、商圈范围、宣传单数量、目标顾客层的确认。

能每年从宏观角度制订有关本店的定位和方向性的表就

好。经常发生的外部环境的变化是指其他店铺的开设或关闭，新的道路建设等地理变化引起的商圈的大的变化。尽管环境发生了很大变化，但很多店铺都没想过改变宣传单的派发方式、店铺的商品构成等。最近，顾客年龄层的变化也带来了很大的影响。少子化和老龄化不断发展。除了部分市中心，郊区店面临着该如何应对这些变化的课题。分析本店所属行业和商圈内的环境，重新思考理想的发展方向是长期经营的关键所在。

重要的是经常分析商圈环境

● 商圈概念表

项目	内容	备注
本店的最大商圈	半径5公里	
东侧的主要道路	国道〇号线、〇〇十字路口附近	
西侧的主要道路	国道〇号线、〇〇十字路口附近	
南侧的主要道路	国道〇号线、〇〇附近	
北侧的主要道路	国道〇号线、〇〇河分断	
宣传单派发张数	10万（每次）	
商圈人口	16万人	
主要顾客层人口（30~49岁）	6万人	
市场规模（MS4000日元）	6亿4000万日元	
竞争店铺数	5家	
1号店	〇〇店	估算销售额〇亿日元
超市1号店	〇〇地区〇〇店	估算销售额〇亿日元
主要商业设施	〇〇地区〇〇店	估算销售额〇亿日元
小学	4所	每月活动调查
初中	3所	
高中	2所	
大学	1所	
医院	2家	
高级住宅区	〇〇地区	家庭数〇〇
道路的特点	东西干线道路国道	很多道路被分断
河流等	北侧有〇〇河	分断要因

要点 通过调查作为经营前提的本店商圈的特征和变化，对策也会随之改变。

第 5 章

▼
▼
▼

竞争店调查的重点是商品力调查

5-1 | 调查竞争店的商品力

● 商品力的概念

店铺的商品力是指"备货"和"价格"。"备货"是指量（商品的量、数量）、数（品种数）、幅（价格幅度）、质。"价格"包括廉价感、价格构成的"备货"。调查竞争店的商品力时，应从多方面对这两项展开调查。

商品力调查有各种方法，大致可以分为①商品数量调查、②价格调查、③品种调查3种。

商品力调查应关注竞争店的商品。①商品数量调查是对某单品的数量进行重点调查。店头商品的数量能给人量多的感觉、营造兴旺的氛围。通过对主力商品的调查，就可推测竞争店的商品政策。②价格调查是最普遍的调查。比较各商品的价格，并反映在本店的价格政策中。③品种调查与备货有关，可用于决定商品的种类。

如上所示，在商品力调查中，收集分析量、数、幅、质所需的数据。

● 制作调查表

在商品力调查开始前，先制作商品力调查表。商品力调查表因所调查的商品、方法的不同而不同，先填写①商品名称、②价格、③数量 3 项吧。

下表是高尔夫球店对竞争店的商品力进行调查时的调查表。因为调查时想了解区域内高尔夫球杆的备货和价格，所以对 6 家竞争店的①商品名称、②价格、③数量等都进行了调查。特别是在调查了高尔夫球杆各价格区间数量分布的基础上，确定了本店高尔夫球杆的备货品种和数量。店铺以成为地区第一专业店为目标，高尔夫球杆则在高价、面向球迷的价格区间、品牌商品的备货等方面以地区第一店为目标。调查后，更改了 6 万日元以上商品的构成，改建为更适合球迷光顾的店铺，因此在竞争激烈的地区得到了好评。

大分类	中分类	小分类			
		厂商	商品名	价格	数量
高尔夫俱乐部．GEAR	金属制高尔夫球杆套餐	TITLEIST	AP2	99225	1
高尔夫俱乐部．GEAR	金属制高尔夫球杆套餐	雅马哈	IMPRESSX460 D	75600	1
高尔夫俱乐部．GEAR	金属制高尔夫球杆套餐	雅马哈	IMPRESSX460 D	85050	1
高尔夫俱乐部．GEAR	金属制高尔夫球杆套餐	雅马哈	IMPRESSX460 D	89225	1
高尔夫俱乐部．GEAR	金属制高尔夫球杆套餐	耐克	弹弓 4D	29800	1
高尔夫俱乐部．GEAR	金属制高尔夫球杆套餐	耐克	SASQUATCH SUMO SQUARE HA	79432	1
高尔夫俱乐部．GEAR	金属制高尔夫球杆套餐	耐克	CCI FORGEDO 金属制高尔夫球杆	53550	1
高尔夫俱乐部．GEAR	金属制高尔夫球杆套餐	布里奇斯顿	BEAM 金属制高尔夫球杆	58800	1
高尔夫俱乐部．GEAR	金属制高尔夫球杆套餐	布里奇斯顿	X-BLADE GR BLACK	107730	2
高尔夫俱乐部．GEAR	金属制高尔夫球杆套餐	TAYLORMADEE	O7 R7 XR 金属制高尔夫球杆	69800	2
高尔夫俱乐部．GEAR	金属制高尔夫球杆套餐	MACGREGOA	NV-NXL	67200	1
高尔夫俱乐部．GEAR	金属制高尔夫球杆套餐	TAYLORMADE	TOUR BURNER	74970	1
高尔夫俱乐部．GEAR	金属制高尔夫球杆套餐	TAYLORMADEE	TOUR BURNER	85680	1
高尔夫俱乐部．GEAR	金属制高尔夫球杆套餐	MACGREGOA	MACTEC NV-NXR	90720	1
高尔夫俱乐部．GEAR	金属制高尔夫球杆套餐	MIZUNO	JPX E500	120960	1
高尔夫俱乐部．GEAR	金属制高尔夫球杆套餐	CALLAWAY	FT i-brid	170100	1
高尔夫俱乐部．GEAR	金属制高尔夫球杆套餐	BRIDGESTONE	TOURSTAGE V-IQ	79380	1
高尔夫俱乐部．GEAR	金属制高尔夫球杆套餐	COBRA	UFi	170100	1
高尔夫俱乐部．GEAR	金属制高尔夫球杆套餐	COBRA	UFi	85680	1
高尔夫俱乐部．GEAR	金属制高尔夫球杆套餐	CALLAWAY	X PROTOTYPE	189000	1
高尔夫俱乐部．GEAR	金属制高尔夫球杆套餐	耐克	SASQUATCH SUMO SQUARE HA	124950	1
高尔夫俱乐部．GEAR	金属制高尔夫球杆套餐	TAYLORMADE	XR	107100	1
高尔夫俱乐部．GEAR	金属制高尔夫球杆套餐	TAYLORMADE	XR	117810	1
高尔夫俱乐部．GEAR	金属制高尔夫球杆套餐	尤尼克斯	CYBER STAR FORGEDCB	142800	1
高尔夫俱乐部．GEAR	金属制高尔夫球杆套餐	MACGREGOA	MACTEC NV-NXR	100800	1
高尔夫俱乐部．GEAR	金属制高尔夫球杆套餐	BRIDGESTONE	TOURSTAGE V-IQ	79380	1
高尔夫俱乐部．GEAR	金属制高尔夫球杆套餐	WILSON	TAB Tc-1	59800	1
高尔夫俱乐部．GEAR	金属制高尔夫球杆套餐	DUNLOP	The XXIO	102060	1
高尔夫俱乐部．GEAR	金属制高尔夫球杆套餐	DUNLOP	The XXIO	124740	1
高尔夫俱乐部．GEAR	金属制高尔夫球杆套餐	MIZUNO	JPX-A25	120960	1
高尔夫俱乐部．GEAR	金属制高尔夫球杆套餐	CALLAWAY	BIG BERTHA	75600	1
高尔夫俱乐部．GEAR	金属制高尔夫球杆套餐	雅马哈	IMPRESSX	99225	1
高尔夫俱乐部．GEAR	金属制高尔夫球杆套餐	KATANA 高尔夫	SNIPER	187425	1
高尔夫俱乐部．GEAR	金属制高尔夫球杆套餐	尤尼克斯	NEWNANOPUI	123165	1
高尔夫俱乐部．GEAR	金属制高尔夫球杆套餐	DUNLOP	The XXIO	103950	1
高尔夫俱乐部．GEAR	金属制高尔夫球杆套餐	CALLAWAY	FT	119970	1
高尔夫俱乐部．GEAR	金属制高尔夫球杆套餐	MACGREGOA	MACTEC NVG2	50400	1
高尔夫俱乐部．GEAR	金属制高尔夫球杆套餐	雅马哈	IMPRESSX DBLACK	119070	1
高尔夫俱乐部．GEAR	金属制高尔夫球杆套餐	雅马哈	IMPRESSX DSTYLE	102060	1
高尔夫俱乐部．GEAR	金属制高尔夫球杆套餐	雅马哈	IMPRESSX V FORGED	136080	1
高尔夫俱乐部．GEAR	金属制高尔夫球杆套餐	雅马哈	IMPRESSX V FORGED	102060	1
高尔夫俱乐部．GEAR	金属制高尔夫球杆套餐	BRIDGESTONE	08TOURSTAGE NEW V-IQ	102060	1
高尔夫俱乐部．GEAR	金属制高尔夫球杆套餐	BRIDGESTONE	08TOURSTAGE NEW V-IQ	124740	1
高尔夫俱乐部．GEAR	金属制高尔夫球杆套餐	TAYLORMADE	BURNER XD	85680	1
高尔夫俱乐部．GEAR	金属制高尔夫球杆套餐	TAYLORMADE	BURNER XD	96390	1
高尔夫俱乐部．GEAR	金属制高尔夫球杆套餐	TAYLORMADE	TP FORGED	96390	1
高尔夫俱乐部．GEAR	金属制高尔夫球杆套餐	DUNLOP	The XXIO	102060	2
高尔夫俱乐部．GEAR	金属制高尔夫球杆套餐	DUNLOP	The XXIO	124740	2
高尔夫俱乐部．GEAR	金属制高尔夫球杆套餐	MIZUNO	MP-57	112455	2
高尔夫俱乐部．GEAR	金属制高尔夫球杆套餐	MIZUNO	MP-57	105840	1
高尔夫俱乐部．GEAR	金属制高尔夫球杆套餐	BRIDGESTONE	TOURSTAGE NEW X-BLADE	102060	3
高尔夫俱乐部．GEAR	金属制高尔夫球杆套餐	DUNLOP	NEW ZEKUSIO 金属制高尔夫球杆	83160	1
高尔夫俱乐部．GEAR	金属制高尔夫球杆套餐	PING 高尔夫	G10	101745	1
高尔夫俱乐部．GEAR	金属制高尔夫球杆套餐	PING 高尔夫	G10	80325	1
高尔夫俱乐部．GEAR	金属制高尔夫球杆套餐	DUNLOP	SRIXON I-701	136080	1
高尔夫俱乐部．GEAR	金属制高尔夫球杆套餐	PING 高尔夫	I10	101745	1
高尔夫俱乐部．GEAR	金属制高尔夫球杆套餐	PING 高尔夫	I10	80325	1
高尔夫俱乐部．GEAR	金属制高尔夫球杆套餐	FOURTEEN	TC-1000FORGED	119070	1
高尔夫俱乐部．GEAR	金属制高尔夫球杆套餐	FOURTEEN	TC-5500FORGED	102060	1
高尔夫俱乐部．GEAR	金属制高尔夫球杆套餐	MACGREGOA	MACTEC NVG2	68040	1
高尔夫俱乐部．GEAR	金属制高尔夫球杆套餐	MACGREGOA	MACTEC NVG2	75600	1
高尔夫俱乐部．GEAR	金属制高尔夫球杆套餐	DUNLOP	SRIXON ZR-700	102060	2

单位：日元

要点 商品调查表尽量详细。
调查商品名称、库存数量、价格。

132

5-2 主力商品的库存量和订购频率

●库存量的重要性

商品数量（库存量）调查是对某一单品的商品量（库存量）进行调查。最近，零售业的卖场布局变得非常复杂，调查单品的库存也需要查看各个卖场和货架。特别是调查主力商品，必须缩小目标进行调查。在体育用品、媒体等受制造商强烈支配的业界，主力商品的库存量与店铺的吸引力成正比，所以重要的是调查好竞争店主力商品的库存量。

调查的方法比较简单。清点锁定的主力商品的库存量即可。在开始销售后的第 10 日、20 日、30 日等时间，定期调查主力商品的库存量，就能明白二次订购的时间和厂商的对应能力。这也有助于搞清主力商品的营销策略，衡量店长和购买方的能力。

●了解竞争店的订购频率

酒类折扣店的主力商品是啤酒。啤酒的整箱销售决定了折扣店的量感。此外，主力商品的进货频率对于量感的维持也很重要。

我调查了星期日和星期一啤酒折扣店的库存量。A 店的卖场面积为 100 坪，属于中等店铺。B 店的卖场面积是 70

坪，是一家老字号店。因为是星期日傍晚进行的调查，所以商品都销售一空，库存量也变少了。第二天，同样在傍晚调查了库存量，A 店和 B 店的库存量出现了差异。A 店立即补货，而 B 店没有，所以库存并未增加。

定期调查主力商品的库存量后，就能了解竞争店的订购频率和主力商品的标准库存量等。由于主力商品的数量能营造整个店铺的货品数量感，所以应比竞争店拥有 1.3~1.7 倍的数量。而且库存量每日都会不同，所以应频繁地择日调查。

主力商品的库存量调查

● 以酒类折扣店啤酒的店头箱数调查为例

星期日的库存量

	A店（100坪）	B店（70坪）
三得利 MALTS 350	80箱	60箱
三得利 MALTS 500	40箱	30箱
三得利 金麦 350	60箱	40箱
三得利 DIET 350	50箱	20箱
三得利 THE PREMIUM MALTS 350	50箱	20箱
麒麟 麒麟淡丽 350	60箱	60箱
麒麟 淡丽GREEN LABEL 350	40箱	60箱
麒麟 淡丽GREEN LABEL 500	40箱	30箱
麒麟 麒麟ZERO 350	30箱	20箱
麒麟 NODOGOSHI 350	30箱	30箱
合计	480箱	370箱

星期一的库存量（A店立即补货）

	A店（100坪）	B店（70坪）
三得利 MALTS 350	120箱	50箱
三得利 MALTS 500	80箱	24箱
三得利 金麦 350	80箱	36箱
三得利 DIET 350	80箱	20箱
三得利 THE PREMIUM MALTS 350	80箱	20箱
麒麟 麒麟淡丽 350	100箱	40箱
麒麟 淡丽GREEN LABEL 350	100箱	50箱
麒麟 淡丽GREEN LABEL 500	80箱	24箱
麒麟 麒麟ZERO 350	60箱	18箱
麒麟 NODOGOSHI 350	80箱	30箱
合计	860箱	312箱

5-3 | **主力单品的重点调查**

●重点调查的概念

店铺销售额占比第一的商品称为"主力单品"。这个商品的销售和业绩是联动的，所以需要经常关注主力单品竞争对手的动向。特别是在为本店主力商品的销售或者构成而烦恼时，需要进行重点调查。

所谓重点调查是指细致调查主力单品的内容。例如，在购买服装时，重要的是尺寸和颜色等要素。调查主力商品的库存时，需要以这些影响购买决定的主要要素为主，对商品数量和构成展开调查。

例如，夏季服装的重点商品是 T 恤。这就需要具体调查竞争店 T 恤的颜色、数量及主要尺寸。通过重点商品的具体调查，能了解竞争店的状况，而且也可以对兴旺店铺和示范店展开同样调查，这样店铺的备货就能比较畅销。

●模仿示范店的备货方式，提高销售额

买入型的二手服装店从一般顾客处购入商品。当然，如果不考虑商品构成，就只能以买入的商品为主，畅销品卖完后，店铺会只剩下些卖不掉的存货。某二手服装店 T 恤销售滑坡的原因也在于此。我和店长讨论了顾客购买 T 恤的要因，

明白了很多顾客都比较在意颜色和花样。店长调查了自己店
铺的颜色和花样，发现现有库存大多是黑、白、灰色的。为
了对颜色构成做出相应的修改，店长调查了大型休闲服饰店
T 恤的各种颜色的数量，然后模仿示范店，对本店的库存构
成做了修改，结果销售额回升了。

　　示范店的库存很多都是畅销品。调查库存时应注意各品
种的尺寸、颜色等在所有商品中的占比，然后运用到自己店
铺的商品构成中，这样就会有效果。

●**T恤库存的构成比**（二手服装示范店的调查）

T恤的颜色	示范店	本店（修正前）	本店（修正后）
白	25%	30%	25%
黑	15%	30%	15%
灰	10%	20%	15%
蓝	10%	5%	10%
红	5%	10%	5%
绿	15%	5%	10%
黄	10%	—	5%
其他	10%	—	15%
合计	100%	100%	100%

●**重点调查**

为本店的备货、构成比而烦恼时……

↓

调查示范店的备货、构成比

↓

以接近示范店的备货和构成比的方式陈列商品，观察结果

要点

示范店备齐了畅销商品。

为商品构成而烦恼时，试着调查各个店铺的商品力。

5-4 ｜价格调查的种种

●价格也有"备货"

商品力调查中最流行的是价格调查。价格调查的目的不仅仅是比竞争店卖得更便宜。如果只在价格上竞争，那就成为"低价销售战"了。

价格也有"备货"，同一系列的商品，店铺不同，库存商品也不同。以某家用电器店为例，电动剃须刀的价格从3800 日元至 49800 日元不等。价格调查的目的是通过了解竞争店的价格规划分析其商品政策，从而构筑自己店铺的战略性价格规划。

价格便宜是一大强项。但是，一味地降低价格就会难以经营。商品并不仅仅是因为便宜而售出，而是因为顾客需要的产品的价格低于他的预算。因此，重要的是了解"顾客的预算"。

●确定价格战略

如果休闲服装店 T 恤的价格区间在 2900 日元之上，设定为 3900~5900 日元的话，那么，和以 1900 日元、980 日元为主的店铺相比，就会被认为采取的是高价路线。

如果以 1000 日元以下的 T 恤为重点，就可推测"价格适中，采取的是低价路线"。如果了解了竞争店的价格特点和政策，就能区分可采取价格对策的商品和不可采取价格对策的商品。如果一味地以价格应对，就会陷入"低价销售战"，无谓地消耗体力。

能以价格对应的商品是①购买频率高的人气商品、②市场份额高的主力商品。不能以价格应对的是①购买频率低的商品、②应急商品、③难以比较的商品。为了不陷入价格战，"能以价格应对的商品"以地区最低为目标，并增加"不能以价格应对的商品"。

区分"能以价格应对的商品"和"不能以价格应对的商品"

能以价格应对的商品	① 购买频率高的商品 人气商品、每周购买1次以上的商品。 ② 日用品×市场份额高的商品 决定购买牙刷、洗衣液等日用商品的主要原因是价格。 ③ 谁都知道的商品（容易对比） 任天堂DS等谁都知道的商品的价格容易比较。 ④ 人气商品的价格应设为地区最低 超市的鸡蛋、药妆店的卷纸等人气商品，最受消费者青睐的是地区最低价。
不能以价格应对的商品	① 购买频率低×单价高的商品 一生中只买一次的商品、高价单品等购买次数较少的商品无须价格竞争。 ② 突然需要的商品 葬礼用品等突发的、紧急的必需商品也无须价格竞争。 ③ 难以比较的商品 知名度不高的商品、其他地方不出售的商品难以比较

要点

在价格调查中，应区分能以价格应对的商品和不能以价格应对的商品。
调查应以不随心所欲地进行价格竞争为前提。
对于购买频率较高、容易比价的商品，应考虑将价格设定为地区内最低。

5-5 价格"备货"的思路

●首先了解自己的店铺

在价格上拉开差距时，需要对自己的店铺展开细致的调查。自己的店铺在整个地区是数一数二的，还是位居第三、第四之后的缺乏实力的店铺，价格策略因排名和实力不同而不同。在了解自己店铺位置和强项的基础上，了解竞争店的价格区间。

例如，某休闲服装店 6800 日元价格区间的粗斜纹牛仔裤比较多。前往竞争店进行比较，如果价格和质量都是自己店铺比较强，就继续作为强项加以经营。相反，如果是竞争店远远胜出，自己又有资金实力的话，则可以采取价格策略，以绝对的数量和设计优势超越对手。

如果资金实力不够，则可以寻找对方薄弱的价格区间或以同样的价格区间强化不同品味的牛仔裤系列，并由此拉开差距。

●制订设定价格的规则

此外，设定过于细分的价格也不利于消费者购买。

例如，12800 日元和 13200 日元的商品，如果品质相差不大，不如将价格统一为其中之一，这对店铺也好。因为过于

142

细分的价格会让店员很难说明品质的不同，顾客也难以理解，所以一些不需要的价格还是去掉为好。这就是设定价格的规则。此外，如果价格区间过大，那么从预算角度来考虑，顾客就不会想购买更贵的商品。因此需要新的价格设定。价格之差设为 1.3~3 倍比较容易理解。

制订店铺价格规则时，应制作"价格曲线表"，缩小价格区间，这样比较容易理解。然后根据顾客的价格预算，确立价格政策。

调查价格"备货"

●休闲服装店价格调查　以粗斜纹牛仔裤（男士）为例

价格（日元）	本店数量	竞争店数量
68000	2	
58000	2	
38000	3	
28000	10	1
19800	4	6
12800	8	10
9800	10	15
8800	8	12
7800	8	8
6800	6	15
5800		8
4800		4
3800		2
2800		1

●以图表确认，价格分布一目了然

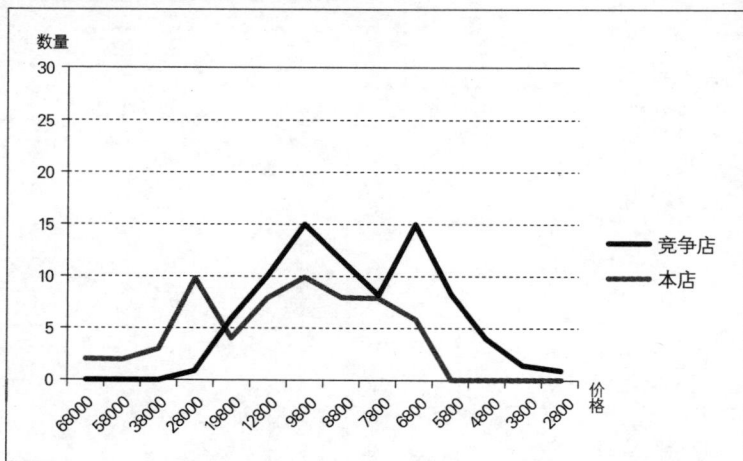

144

5-6 | 制订各预算区间的备货状况表

● 设想价格单价

顾客在购买商品时，如果有一定的购物经验，头脑中会浮现大致的预算。

单位会各有不同，但基本数字为"1、2、3、5"四类。以万为单位，就分别为 1 万日元、2 万日元、3 万日元、5 万日元。那么，预算为 1 万日元的顾客实际上会购买多少单价区间的商品呢？

一般而言，实际购买金额的范围在低于预算的 20% 至高于预算的 50%~60% 之间。即，预算如果是 1 万日元，那么实际购买金额为 8000 日元至 1 万 6000 日元。同样，其他各预算的购买区间如下。

1 万日元的预算→8000 日元~1 万 6000 日元

2 万日元的预算→1 万 8000 日元~2 万 7000 日元

3 万日元的预算→2 万 7000 日元~4 万日元

5 万日元的预算→4 万日元~8 万日元

10 万日元的预算→8 万日元~16 万日元

● 调查各预算区间的备货状况

顾客并不会仅仅因为价格便宜就购买商品。大都是店铺的商品比顾客的预算低时，顾客才会购买。从这个角度来讲，了解顾客的预算很重要。

调查竞争店的价格区间时，也应持有这样的预算概念。因为了解竞争店着力于哪个预算区间对思考本店的价格构成很重要。

了解了预算区间的概念，调查竞争店的价格，就能了解竞争店的目标客户层。例如，休闲服装店可以判断是以 1000 日元预算购买 T 恤的学生顾客为目标呢，还是以 3000 日元预算的白领为目标。关于价格构成，如果制作出"单品价格图"，就能比较本店和竞争店的价格设置方法。

制订单品价格图

顾客预算	基准价格	价格区间	1号木杆	铁头球杆套装	球	
30万	398000 338000 298000	27万				0
20万	268000 238000 198000	18万				0
10万	158000 138000	12万				0
	118000 98000	80000				0
5万	78000 68000	60000				0
	58000 48000	40000		○		0
3万	39800 29800	27000	○	○		0
2万	24800 19800	18000	○			0
1万	15800 13800	12000				0
	11800 9800	8000				0
5,000	7800 6800	6000				0
	5800 4800	4000				0
3,000	3800 3380 2980	2700				0
2,000	2480 1980	1800			○	0
1,000	1680 1480 1380	1200			○	0
	1180 980	800				0
500	780 680	600				0
	580 480	400				0
300	380 340 270	270				0
200	250 180	180				0
100	160 130	170~120				0
	100 80	80				0

（以高尔夫球店为例）

单位: 日元

要点　单品价格图的运用: 在中心价格处打○, 然后以此为中心取上下3个区间, 决定本店的备货。

147

5-7 | 各价格区间的备货是制胜关键

●思考价格和价值

越过商品周期中的转折点、进入发展期的商品的制胜关键是各价格区间的备货状况。随着商品购买经验的积累，比起自己的预算，顾客会更重视商品的附加功能。因此，对于顾客打算购买的商品，提供更高一级的功能或附加价值的话，会给顾客留下廉价的印象，这点非常重要。

商品有价格和价值。顾客如果认为商品的价值高于价格，就会购买。价格会随着价值（如服装的质地、设计、品牌）的升高而升高。价格的备货与价值的备货相符。制造商也会随着商品周期的发展而添加各项附加功能，增加商品的价格备货。

●6 个价格区间

以下，根据商品的性能和功能划分价格，设定为 6 个比较简单易懂的价格区间。

上限区间：面向长期使用者，奢侈、保守的设计

较高区间：作为新产品，厂商想销售的价格，流行商品

量感区间：以前属于较高区间，由于已经普及，顾客只要一想就马上浮现在脑海中的商品

畅销区间：最畅销的平均价格、中心价格，与预算相符的商品

预算区间：动漫人物产品、流行商品

下限区间：应急商品，设计保守、促销商品

调查价格时重要的是，在这样的价格区间的意识之下展开调查。竞争店强化的是哪个区间的商品，各区间的价格构成是怎样的。将这些与自己的店铺进行比较，并决定要强化的价格区间。本店的商品战略会因此而不同。通过价格调查，搞清楚竞争店在以上 6 个区间中分别着力强化的价格区间。

调查价格区间

价格区间		库存的持有方式	毛利润率	不同业态的处理方式		
				百货店专卖店	量贩店	家庭用品商店折扣店
上	上限区间	× ~ △ 备货型	△ ~ ◎ 由商品决定	◎	×	× ~ △
	较高区间	△ 备货型	△ ~ ◎	○	△	× ~ △
中	量感区间	○ 适当库存型	△ ~ ◎ 进货力 竞争激烈	△	◎	○
	畅销区间	△ ~ ○	○ ~ ◎ 商品开发力	×	△	△ ~ ○
下	预算区间	△ 备货型	△ ~ ◎	×	○	△ ~ ○
	下限区间	◎ 量贩型	× ~ ◎ 商品开发力 进货力	×	×	◎

$$商品 = \frac{价值}{价格}$$

价值高于
价格就会畅销

要点　了解价格区间构成中，竞争店所着力强化的区间。
备齐与顾客的预算区间相符的商品。

150

5-8 各不同预算区间备货的最优化

● 7 个预算区间

当商品进入商品周期的安定期后，消费者就有了一定的预算概念。店铺应从各不同功能商品的市场营销改为各不同预算区间的市场营销，这样更有利于销售。预算区间如前所述，是 1、2、3、5 的反复。店铺应该比竞争店更强化畅销预算区间的商品。

预算区间，一个店铺一般最多有 6~7 个。如果形成了 7 个预算区间，就可以以中心价格为顶点备齐"山形"价格的·商品，形成商品的构成比。关于这个构成比的形成方式，排名第一的店铺和第二、第三的店铺是不同的。因为 1 号店有店铺品牌和信誉，所以价格能比 2 号店卖得更高。如果 2 号店不努力强化下一区间的商品，而是和 1 号店同样的价格构成，就会被 1 号店抢走顾客。

● 调整价格线

之所以能销售价格昂贵的商品（也有吸引顾客的能力差别），是因为 1 号店的固定顾客比 2 号店多。固定顾客一般会比新顾客购买更贵的商品。因此，1 号店和 2 号店能比 3 号店销售单价更高的商品。价格构成以畅销价格区间为中心的话，高额商品的构成比就比 2 号店、3 号店高。

　　强者往往在价格和备货方面采取超过 2 号店的战略，价格对应能力也很强。排名第三以下的店铺应以不刺激第一店铺的方式，强化其未留心的商品的价格和备货。零售业一般最多有 6~7 个阶段。

　　为了确定各价格区间的商品数量，需要遵循以下 5 个阶段的顺序：①调查竞争店的各预算区间的商品数量，②确定本店的主力预算区间，③在主力预算区间打○，④在单品价格表上取上下 3 个价格，确立 7 个区间，⑤1 号店以主力预算区间为竞争店的 1.3~1.7 倍的方式设定。

各预算区间最优化的理论商品数量比（7个阶段）

●各预算的理论商品数量比

	理论商品数量比	1 号店	2 号店
1	5%	3%	2%
2	10%	15%	5%
3	20%	25%	15%
4	30%	35%	35%
5	20%	15%	25%
6	10%	5%	15%
7	5%	2%	3%

●决定各预算商品数的顺序

①调查竞争店的各预算区间的商品数量
②确定本店的主力预算区间
③在主力预算区间打〇
④在单品价格表上取上下3个价格，确立7个区间
⑤主力预算区间以竞争店的1.3～1.7倍的方式设定

要点

竞争店的主力预算区间的商品数量为30的话，本店就取其1.3倍，备齐40个商品。因为主力商品占比为35%，所以总的商品数为40÷35%≈114。以理论商品数量比为参照，备齐商品。

5-9 | 了解竞争店的备货

●商品品种调查

商品品种调查是为了了解竞争店备货的调查。备货也是决定商品力的重要因素。关于想调查的种类，了解竞争店拥有多少数量的商品。商品品种调查时应调查的项目为①商品名称、②厂商名称、③价格。逐项调查这三个项目。

库存数量无须在商品品种调查中进行调查。本店想强化的品种中，对于本店没有而竞争店有的商品，在调查后可查找供货商和制造商，为进货做好准备。这样的方式能使备货有效超越竞争店。

特别是以地区第一为目标的部门，应频繁地进行竞争店的商品品种调查。

●备货方面如果是日本第一，那么其商圈就遍布全国

整个日本货品最全的影像店在秋叶原。店铺云集了来自日本全国各地的粉丝。该店铺广泛备齐了日本通常没有的国外商品和粉丝追捧的商品。备货的秘诀是展开踏实的店铺视察和调查，强化备货。如果在备货方面做到了日本第一，那么其商圈就遍布全国。将店铺发展为第一或品牌化的关键点是备货，这比价格和库存量更重要。

　　但是，如果只是备全货品，那么一些销售不佳的商品就会囤积。所以如果想在备货方面与地区 1 号店相抗衡，就必须有相应的觉悟。1 号店在备货方面以盖过竞争店的方式备齐了所有商品，那么，2 号店以下的应在强者未留心的商品范围内强化备货。找到与自己店铺实力相当的商品强化备货即可。

　　为了成为地区备货齐全的店铺，应持有竞争对手店铺 1.3~1.7 倍的商品。如果想吸引顾客远道而来，则可通过备全市场规模较大的商品，提升知名度。

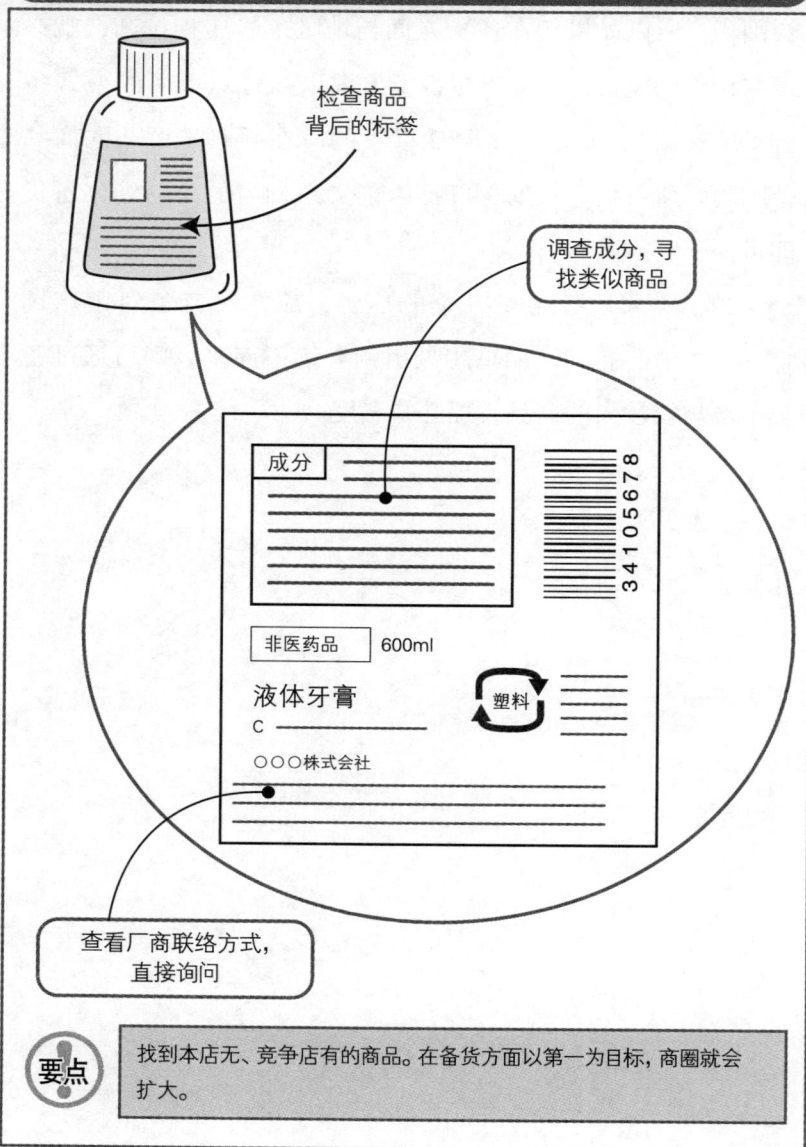

商品品种调查的关键点

检查商品
背后的标签

调查成分，寻
找类似商品

成分

非医药品　600ml

液体牙膏
C ———

○○○株式会社

3410 5678

塑料

查看厂商联络方式，
直接询问

要点　找到本店无、竞争店有的商品。在备货方面以第一为目标，商圈就会
扩大。

156

5-10 商品力调查、品种调查的方法

● 品种数量原理

调查品种，并将其运用于自己店铺时，可供参考的是品种数量原理。

所谓品种数量原理，是指站在顾客的视角观察店铺时，一眼望去品种数之多让人难以确认。品种数量原理的数字以7、70、700 为分歧点。与此相反，一眼就能判断的数字是 3、30、300。应根据顾客的购买频率等商品的特点，区分使用这些数字（位数）。

购买频率低、价格昂贵的商品比较少，为一位数。而购买频率高、单价比较低的商品的位数则多。但是，都以 3 和 7 为基本数字，这点是一样的。我就职的船井总研将品种数量原理运用于团队建设。就一位上司能管理的部下人数而言，新任领导为 3 人，优秀领导为 7 人，超过 7 人时就无法管理所有部下。

● 考察是否为品种齐全的店铺

零售业也可利用这个原理，营造商品数量多的视觉氛围。

例如，酒类批发店平均备齐各类酒，那么如果有 700 种，就会给前来光顾的顾客带来店内商品丰富之感。如果想着力

157

销售葡萄酒，就将其备齐 300 种，这会让人感到那家店铺拥有所有品种的葡萄酒。调查品种时，应检查竞争店的品种数量。店铺的总商品数为 7、70、700 以上，其中 3、30、300 的商品为主力商品。

强力推出的是哪个商品，是否是顾客一眼望去品种丰富的店铺等，可以通过品种数量原理予以判断。决定上架数量时，也请参考以下的"品种数量原理表"。

主力品种表

（品种数量）

	第1位	第10位	第100位	第1000位
A 区间	3 4	30 40	300 400	3000 4000
B 区间	5	50	500	5000
C 区间	7	70	700	7000
D 区间	9 12	90 120	900 1200	9000 12000
E 区间	18 24	180 240	1800 2400	18000 24000

（摘自《船井咨询手册》）

要点

主力品种表有以下 3 个区间：

A 区间：一眼就能确认的品种区间
B 区间：一眼不能确认的品种区间
C 区间：一般人难以一眼确认的区间

为了争创第一，使用 C 区间是关键。如果竞争店的单品、品种属于 C 区间，那么要备齐 D 区间的商品。通过主力品种的积累，提高商品数量等级。

第 **6** 章

▼
▼
▼

卖场调查的案例

6-1 卖场调查的种种

●销售额因卖场布局而不同

所谓布局是指卖场的区域配置。商品的分类及配置的好坏会影响销售额、顾客的多少，以及停留时间和购买商品的数量。

好的布局是指常规的分类和卖场布置，顾客易于购买、能马上找到商品的卖场。实际上，好的卖场只要在里面行走，就能大致明白想要购买的商品所在的柜台，并能立即找到。

此外，在顾客想要购买的商品周围，恰到好处地摆放让顾客感觉"这个也可以买啊"的关联商品。卖场配置较好的是家用电器销售店。家用电器销售店的卖场标识着大的分类及指示路线，通道布局也合理。

前几日，我想购买数码相机，大型家用电器商店有几千坪大，但是指示图很清晰，很快就找到了数码相机的柜台。而且，在数码相机的柜台附近，还配有相机套、三脚架等零配件和关联商品。最后，除了相机，我还买了相机套等。布局好的卖场会引导顾客购买关联商品。

●配置易于购买、商品布局合理的卖场

通过卖场调查，就可看出竞争店的商品战略。如竞争店

的商品分类、卖场空间配置、主力商品的配置方法、关联商品的备货等。

　　与商品力一样，从卖场布局或卖场本身可以看到很多东西。卖场调查中最普遍的是①卖场面积调查、②布局调查、③货架分配、④卖场检查等。卖场调查为营造不输于竞争店的卖场提供基础资料，其目的是通过改变卖场分类、配置，设置对于顾客而言易于寻找商品、易于购买的卖场。

卖场调查的种种

	部门	目的
卖场面积调查	根据调查	了解各部门的平面空间。采取卖场面积对策
分区调查	大分类	调查店铺整体的卖场构成。无须测量卖场面积等,只需知道大概的布局
布局调查	小分类~中分类	了解店铺的引导线和部门的配置等。调查各部门的强弱和着力打造的部门。细致测量日常用具大小和通道宽度等。分部门采取卖场面积的对策
货架分配、柜台调查	单品~小分类	了解单品的库存数量和配置。调查商品的关联性和柜台布局等,采取单品的配置对策
陈列检查	单品	通过各单品的陈列了解主力商品。调查特价商品和主推商品,并采取对策
卖场设备调查	根据调查	调查卖场的设备状况。了解卖场的装备,如店铺的清洁感及设备是否更新

要点

可通过卖场调查,了解竞争店的商品战略。
以竞争店调查为参考,设置对顾客而言布局合理(易于寻找商品、易于购买)的卖场。

6-2 通过分区、布局调查了解在售的商品品种

● 分区、布局的定义

通过调查竞争店的分区和布局，可以了解其在售的商品品种。

所谓分区，是指店铺各品种的卖场分配。以量贩店为例，即指食品区、男士服装区等大的分类。通过调查分区设置，了解卖场和各商品的强弱，以供卖场布局设置参考。

为了让新店或自己的店铺兴旺起来，季节交替之际等卖场变更期的调查会特别有效。此时，比较卖场面积、调查分区中包括日常用具配备在内的布局等，是确定商品和卖场时的重要基础数据。

● 卖场调查首先是分区、布局调查

调查卖场时，首先应了解竞争店的分区和部门构成。

最简单的分区调查方法是找到店内的布局图和导购手册。特别是一些大型零售业，都备有充足的导购图和手册，很容易搞清布局和在销商品。

与此相对，如果没有合适的布局图和导购册，可通过挂在天花板的店铺部门指示标志和货架商品指示等予以判断，然后手写记入图表中。此时，如果只知道卖场在销商品，会

很难判断，因此应简单绘制分区图，以供本店参考。如果竞争店和本店拥有相同的商品构成，那么应根据本店的部门设置绘制分区图，这样更容易进行比较。

接下来，测量通道的宽幅和用具的尺寸、配置，并尽可能多地记录，由此可以推测库存商品数量。为了胜出竞争店，以布局数据为基础，确定本店各部门的卖场面积和用具的数量等。

竞争店卖场调查的基本是首先进行"分区、布局调查"。

把握卖场整体的分区调查

要点

查看店内的布局图，就能马上明白分区。

也可以通过网页和店铺导购图了解。

1000坪以上的大型店铺则首先了解其分区（分类、部门），然后调查各分区的布局。100坪左右的小型店铺的布局=分区。

6-3 | 布局登记调查

● 重要的是定期进行布局调查

在季节交替等布局变更时期，必定要进行竞争店的布局调查。服装等销售计划不断变化发展的业种，每周、每月都会变更布局。此业种必然会调查竞争店的布局变更时期和方法。

调查布局时，一边在图中记录下各商品的陈列，一边确认。定期调查布局时，观察主通道一侧陈列的商品和端架上放置的商品等，就可了解竞争店现阶段着力销售的商品及季节性的变化。

了解竞争店卖场的变更和变化，有助于发现本店卖场变更的时机和未曾注意到的畅销商品。与商品力调查等相比，观察卖场整体进行判断所花费的时间并不多。但是，由于容易忽略细节，所以我推荐制作布局图。

● 通过调查布局了解卖场的变化

170 页的图是对某家用电器专卖店的布局调查。我们看一下 2008 年北京奥运会前后的不同。一开始主推的是液晶电视机，但 8 月末扩大了"与运动会需求相符"的数码相机和数字影像的关联产品的卖场构成。作为关联产品，汇集了相关零部件和配件。卖场氛围也以秋季运动会为主题进行了装饰。与此相对，本店以"液晶电视机"为主，季节商品的对应比竞争店晚了 1 周左右。立即重新审视了卖场的布局，调整为与季节变化相对应的卖场。

而且，将本店卖场布局绘制成图后发现，关联产品分散置于各处，不能引导顾客顺便购买、想买就买。于是将关联产品汇总一处，调整了卖场布局。通过了解竞争店的变化，挽回了本店卖场在对应上的延迟。

家用电器商店活动柜台布局（奥运会之前）
电视机摆在了活动柜台的前侧

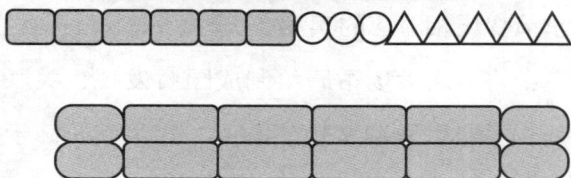

家用电器商店活动柜台布局（奥运会时期）
秋季运动会期间，具备录像、重播等功能的摄像机是主角

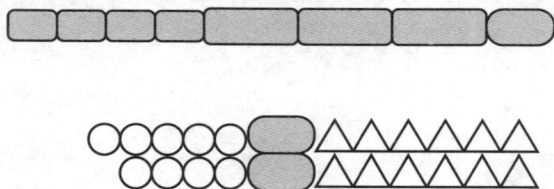

液晶、等离子小型电视机

液晶、等离子大型电视机

录像机

HD DVD、蓝光

要点

区分配置的商品和卖场柜台。同时调查通道的宽度等。

仅通过调查竞争店的布局就可了解竞争店的主推商品。

6-4 立即就能明白差距的卖场面积的比较

●卖场面积吸引顾客

进行布局调查、搞清楚店铺经销的商品品种后，接下来就可比较卖场面积。通过卖场面积的比较就可看出竞争店强力打造的部门。

顾客一眼就能分辨的与其他店铺的不同是卖场大小。如果卖场空间比较大，在细致调查备货前，就可立即明白商品数量充足。营造卖场面积差的氛围本身就是吸引顾客的要素。卖场面积比较是最简单的卖场调查。卖场面积越大，商品数量就越多。当然，卖场面积大、商品密度高的店铺的备货更齐全，顾客一看，就能明白差别所在。

在进行商品力调查等前，可通过卖场面积的比较，从战术上改变可实行的销售对策。即便想放置很多商品，如果卖场面积差达到 3 倍以上，就会被彻底击败。认识到与竞争店之间存在的卖场面积差，各部门可分别考虑对自己店铺有利的卖场构成。

●各部门找到可胜出的地方

173 页的表是某服装店和竞争店的卖场面积比较。从卖场总面积来讲，竞争店大了近 1.8 倍。

特别要指出的是，女士服装是竞争店着力打造的部门，也是本店的薄弱部门。通过卖场面积比较，本店决定强化竞争店卖场面积较小的实用服装部门。

此外，为了在有限的卖场中拉开差距，提出了缩小女士服装、强化男士服装的对策。将男士服装的卖场面积调整为竞争店的1.3倍，强化男士相关的实用服装，从而在卖场中突出本店的强项。

如此，即便在店铺总面积上输于竞争对手，但是各部门强化了卖场面积差，所以同样能吸引顾客。

与竞争店比较卖场面积

●以服装店为例

	竞争店		本店（变更前）		本店（变更后）	
	卖场面积（坪）	构成比	卖场面积（坪）	构成比	卖场面积（坪）	构成比
女士服装	130	46.4%	55	35.5%	20	12.9%
男士服装	50	17.8%	30	19.4%	65	41.9%
服饰	60	21.4%	30	19.4%	30	19.3%
儿童服装	30	10.7%	20	12.9%	20	12.9%
实用服装	10	3.5%	20	12.9%	20	12.9%
合计	280	100%	155	100%	155	100%

※数值为近似值。

通过竞争店调查，明白了女士服装部门存在差距，于是决定强化男士服装部门。

●卖场面积调查及其流程

调查各部门的卖场面积

⬇

了解竞争店着力强化的部门

⬇

扩大能够胜出的部门的卖场

要点 通过与竞争店总卖场面积大小的比较，确定能够胜出的部门

173

6-5 | 货架陈列调查

● 货架陈列调查的定义

通过卖场面积比较，明白了商品数量的平面差异后，就可调查主力商品的货架陈列，考察立体的商品数量。通过货架陈列的调查可以了解该店铺的主销商品。

这项调查很花时间和精力。但是，也可了解各单品的差异，如货架的商品构成、竞争店柜台推出的活动商品、基本商品。

即便是同一商品，竞争店着力推出的是哪个商品、哪个厂家、哪个价格区间、哪种大小的？例如，即便是同一洗涤剂，也有不同大小、不同价格区间的系列。例如，家用商品比较多的量贩店，洗涤产品的主力是"1.7 公斤"的 4 人家庭用的产品，与此相反，单身用商品比较多的便利店型的超市中，货架上多为"1.0 公斤"。

● 通过货架陈列调查发现新商品

以竞争店的货架为参考，可以思考本店的陈列是否有误，判断有无可供参考的陈列方法。例如，如果竞争店以 52 寸"液晶电视机"为主陈列商品，那么本店以"等离子"为主的陈列是否损失了本可销售液晶电视机的可能性。此外，竞争店在大型电视机的周边陈列高级电视机柜，由此可以学习关联商品的陈列。

而且，还可以通过货架调查发现与地区特性相符的商品。特别是地区性较强的商品可参考当地店铺的货架设置。酒等地区特产，一般店铺多摆放本地区独有的商品，通过调查可发现新商品。

与单品调查相比，货架陈列调查能在较短的时间内达到与单品调查同样的效果，所以是能够频繁进行的有效调查。

●货架陈列调查（以影像租赁店为例）

（竞争店新设置的销售专柜）

赤壁3	赤壁3	赤壁3	watchmen	watchmen	watchmen	Gran Torino	Gran Torino	Gran Torino
赤壁3	赤壁3	赤壁3	watchmen	watchmen	watchmen	Gran Torino	Gran Torino	Gran Torino
赤壁3	赤壁3	赤壁3	watchmen	watchmen	watchmen	Gran Torino	Gran Torino	Gran Torino
赤壁3	赤壁3	赤壁3	watchmen	watchmen	watchmen	Benjamin Button	Benjamin Button	Benjamin Button
赤壁3	赤壁3	赤壁3	watchmen	watchmen	watchmen	Benjamin Button	Benjamin Button	Benjamin Button
赤壁3	赤壁3	赤壁3	watchmen	watchmen	watchmen	Benjamin Button	Benjamin Button	Benjamin Button
赤壁3	赤壁3	赤壁3	watchmen	watchmen	watchmen	Benjamin Button	Benjamin Button	Benjamin Button

以影像租赁店新设置的销售专柜的货架陈列调查为例

S级电影陈列于7段×3列的前面

A级电影只陈列一半

调查想要了解的商品的货架

↓

全员一同调查商品的陈列内容，分析竞争店货架陈列的特点

↓

为自己店铺的货架陈列提供参考

6-6 | 货架陈列调查的方法

● 调查货架陈列时的注意点

很多店铺都使用同样尺寸的工具和同样层数的货架，所以一开始调查好货架的宽度和层数，后续就会容易进展。陈列规则因工具和商品特性的不同而不同。例如，如果了解啤酒的陈列是 3 架 1 组，就能很快记下。在店内临摹或拍照有违礼仪，所以记住要在店外记录。

179 页图是某酒铺啤酒柜台（以三得利、麒麟为主的调查）的货架陈列调查案例。最近流行淡啤酒，所以货架的陈列以单价较低的淡啤酒为主。相反，本店则强力推出"生啤""储藏啤酒"。看到便利店和其他竞争店的货架陈列后，决定着力销售无酒精啤酒，并探讨调整本店货架陈列。

● 通过货架陈列调查，拉开单品差距

的确，从销售实绩来看，淡啤酒的销路很好。于是，以竞争店的货架设置为参考，探讨扩大淡啤酒的柜台。此时，也以 1.3 倍的差异化数字与竞争店拉开差距。货架陈列调查只是记录下了看到的商品的构成。虽然很简单，但这是推进单品商品战略的重要调查。如果想在商品力方面成为地区第一，要在主力部门中进一步拉开各单品的差距，特别是依靠

177

主力商品的优胜能力争地区第一。从这个意义来讲，货架陈列调查的不断积累是成为拥有地区第一商品力店铺的第一步。因为，增加想要制胜的商品的货架数量是战胜竞争店的关键所在。

考虑货架陈列时，不仅要注意记录平台工具，还需注意吊篮、陈列台、陈列柜等。此外，为了了解立体陈列，货架的宽幅、高度、深度等也要一并调查。

通过货架陈列调查可以了解的东西

● 竞争A店的啤酒柜台的货架陈列

三得利 THE PR–EMIUM MALTS 350	三得利 THE PR–EMIUM MALTS 350	三得利 THE PR–EMIUM MALTS 350	麒麟 麒麟淡丽 350	麒麟 麒麟淡丽 350	麒麟 麒麟淡丽 350
三得利 MALTS 350	三得利 MALTS 350	三得利 MALTS 350	麒麟 淡丽 GREEN LABEL 350	麒麟 淡丽 GREEN LABEL 350	麒麟 淡丽 GREEN LABEL 350
三得利 MALTS 500	三得利 MALTS 500	三得利 MALTS 500	麒麟 淡丽 GREEN LABEL 500	麒麟 淡丽 GREEN LABEL 500	麒麟 淡丽 GREEN LABEL 500
三得利 金麦 350	三得利 金麦 350	三得利 金麦 350	麒麟 麒麟淡丽 double 350	麒麟 麒麟淡丽 double 350	麒麟 麒麟淡丽 double 350
三得利 DIET 350	三得利 DIET 350	三得利 DIET 350	麒麟 麒麟 ZERO 350	麒麟 麒麟 ZERO 350	麒麟 麒麟 ZERO 350
三得利 DIET 350	三得利 DIET 350	三得利 DIET 350	麒麟 NODOGOSHI 350	麒麟 NODOGOSHI 350	麒麟 NODOGOSHI 350
MALTS 350× 6罐	MALTS 350× 6罐	MALTS 350× 6罐	麒麟 麒麟淡丽 350×6罐	麒麟 麒麟淡丽 350×6罐	麒麟 麒麟淡丽 350×6罐

● 本店啤酒柜台的货架陈列（变更后）

三得利 THE PR–EMIUM MALTS 350	三得利 THE PR–EMIUM MALTS 350	三得利 THE PR–EMIUM MALTS 350	麒麟 麒麟淡丽 350	麒麟 麒麟淡丽 350	麒麟 麒麟淡丽 350
三得利 MALTS 350	三得利 MALTS 350	三得利 MALTS 350	麒麟 淡丽 GREEN LABEL 350	麒麟 淡丽 GREEN LABEL 350	麒麟 淡丽 GREEN LABEL 350
三得利 MALTS 500	三得利 MALTS 500	三得利 MALTS 500	麒麟 淡丽 GREEN LABEL 500	麒麟 淡丽 GREEN LABEL 500	麒麟 淡丽 GREEN LABEL 500
三得利 金麦 350	三得利 金麦 350	三得利 金麦 350	麒麟 淡丽 double 350	麒麟 淡丽 double 350	麒麟 淡丽 double 350
三得利 金麦 350	三得利 金麦 350	三得利 金麦 350	麒麟 淡丽 double 350	麒麟 淡丽 double 350	麒麟 淡丽 double 350
三得利 DIET 350	三得利 DIET 350	三得利 DIET 350	麒麟 NODOGOSHI 350	麒麟 NODOGOSHI 350	麒麟 NODOGOSHI 350
MALTS 350× 6罐	MALTS 350× 6罐	MALTS 350× 6罐	麒麟 麒麟淡丽 350×6罐	麒麟 麒麟淡丽 350×6罐	麒麟 麒麟淡丽 350×6罐

要点

通过调查竞争店的货架陈列，可以判断竞争店想推出的主力商品（货架多的商品）。

通过货架陈列调查可以重新审视本店的商品陈列。

而且货架陈列调查也有助于了解地区特性。

6-7 | 了解陈列规则

●陈列规则的定义

通过货架陈列调查可以了解竞争店的陈列规则和打包方法。对顾客而言，有一定规则的商品陈列更易察看、更易购买。

商品不同，打包方法也不同，规则也有一定的特点。大型家电商品，如电视机、冰箱等多按尺寸，由大到小排列。因为，规格、尺寸不同的商品容易区分。服装类等多种颜色的商品一般以颜色区别。调查竞争店的陈列规则，可为本店的陈列提供参考。

●重新审视商品的陈列

经常听到卖场负责人在添加新商品时有"怎么陈列才好呢"的烦恼。因为是新的商品，所以对于陈列方法和布局方法没有自信。一开始可以委托批发商或厂商进行卖场布局，但这样一来，各厂商各有陈列规则，对顾客而言，绝不是"容易购买"的卖场布局。此时，我推荐前往竞争店（生意兴旺的店铺）学习陈列方法。

以鞋子的摆放为例，陈列各有不同，有的卖场以质地，有的以尺寸、颜色为区分标准。前往大型百货商店的衬衫柜台一看，发现有的店铺以"尺寸不同"为陈列标准。

竞争店 B 百货店以颜色为标准。到底哪种陈列方式才好，这点因店铺不同而不同。不以厂商为主导，而是自主进行卖场布局。以某回收店鞋子柜台的陈列为例，其运动鞋是以尺寸为标准的。这是调查大型鞋子连锁店的陈列方法后进行的模仿。自从变更为以尺寸陈列标准后，顾客易于挑选，员工也缩短了为顾客挑选尺寸的时间。

通过调查竞争店的陈列方法和规则，可以将它们运用到本店的商品陈列中。

各种陈列方法

方法	特点
按价格陈列的方法	顾客选择商品时注重价格的话可以引入
按种类陈列的方法	按种类陈列商品，容易选择。但是，如果商品区分、分类不明确的话，就会杂乱。这点需要注意
按用途陈列的方法	易于说明商品使用方法的陈列方法
按材料陈列的方法	以商品的材料（材质）为区分准则的陈列方法
按出生年代陈列的方法	商品因年代不同而有显著不同时采纳的方法
按色彩陈列的方法	颜色是顾客决定购买与否的重要因素时采纳的方法
按性别陈列的方法	使用因性别不同时采纳的方法
关联陈列的方法	使用、消费的关联商品一起陈列
按活动陈列的方法	举办各活动时陈列必要的商品
按季节陈列的方法	按四季分别重点陈列所需商品
PR陈列的方法	销售新商品和经销新商品时，为了吸引顾客的注意而采取的陈列方法。如说明书、样品发放、当场演示销售等

摘自《船井咨询手册》

要点

竞争店陈列有规则时，要了解其陈列方法，这样才能明白其陈列时的重点所在。

如果采取按价格陈列的方法，就可以说其采取的是重视价格的政策。

182

6-8 | 有效利用卖场检查清单

●设备的重要性

调查卖场的设备状况和清洁度等状况也是了解竞争店的重要调查之一。最近，一些生意兴旺的店铺将"厕所的清洁度"列为一大要素。

特别是一些餐饮店，设备充足与否成了选择店铺的基准。即便是零售业，设备状况也会影响顾客对店铺的印象。

竞争店的设备状况也需要做好调查。关于设备和软件的检查可以利用"卖场检查清单"。很多店铺都觉得自己店铺已经有效利用检查清单。某影像租赁店每月使用 300 项以上的"卖场检查清单"，以使自己店铺的卖场品质保持在一定的水准。通过对这 300 项的检查项目打分，对各店进行评价。

使用与本店一样的"卖场检查清单"调查竞争店，可以有效判断本店和竞争店的卖场等级。

●全体员工一同检查

下表是以船井总研的店铺诊断系统的"部门用具展开"为参考制定的检查表。试着比较了某大型影像租赁店和本店的项目。

可以看到，与竞争店相比，本店的清洁度这一点尤为不足。记录下了调查者的评论，并作为会议资料进行了讨论。大型影像租赁店和本店在货架的整洁等清洁度方面存在显著差异。所以又制作了重视商品清洁检查的"店铺检查项目清单"。

用"卖场检查清单"对竞争店展开的调查，应由包括临时工在内的所有员工一同参与。虽然是非常主观的调查，但由于是全员参与，所以能够发现本店和竞争店之间存在的差异，并再次认识检查项目中的有关事项，由此明白对于本店而言的重要项目。

设备检查清单

●竞争店A店的设备状况

项目	结果	备注
收银机台数	1 台	POS机
信用卡公司	3 家	VISA、MASTERS、JCB、DINERS、AMERICAN EXPRESS等
包装平台	1 台	
胶带、塑料袋		补充的状况
购物篮		是否准备充足
部门标识		是否清晰明了
厕所的配备		是否清晰明了
厕所的状况		清扫状况、清洁感
吸烟处（烟灰缸）		设置位置及空间的有无
休息场所		
公用电话	1 台	是否配备
服务中心		信息、人员配备

检查项目	A店	本店	备注
商品是否清洁	◎	○	有污损
商品是否有损	○	△	有污损
新商品柜台的陈列是否清晰明了	○	○	
新商品柜台的日常用具数量	○	△	A店5 本店4
基本商品的柜台是否易于寻找	○	○	
商品的价格标识是否明晰	○	○	
日常用具是否清洁	○	△	本店比较旧
是否有很多空间闲置日常用具	○	△	
商品陈列是否易取（指距离）	○	○	
新商品是否陈列在卖场的最佳位置	○	○	
主力单品是否陈设在卖场的最佳位置	○	○	
主力单品是否缺货	○	△	
主力单品是否有充足排面	◎	○	A店18 本店12
是否每个主力单品都有POP、积分	○	△	没有
每个货架是否付POP 3枚以上	○	△	没有
POP是否明示卖价标识和使用价值	○	△	标识不清
脱销时是否明示脱销并预定进货	◎	○	
POP是否固定、清晰	○	△	
POP是否污损、折叠	○	△	
有没有廉价感	△	○	
是否给顾客商品丰富的感觉（备货）	○	△	

要点

比较卖场检查清单，了解本店和竞争店的差别。

卖场检查，全员参与比较有效果。

6-9 学习陈列方法

● 了解卖场氛围的营造

竞争店的卖场调查中，最近变得比较重要的是 VMD（卖场氛围）。即便是同一商品，卖场的布局不同，商品的销售也会有很大不同。特别是感性商品、服装等业界，卖场布置不同，销售额也会大有不同。卖场氛围由卖场经验决定，但布置可以通过多观察示范店铺的卖场来掌握。

某二手服装店的卖场布置等级也是通过多调查竞争店和示范店的卖场布置而提升的。特别是季节交替之时，该陈列哪些商品？卖场负责人常为此烦恼。此时，我推荐定期调查商品和客户与本店基本相同的示范店的卖场布局。二手服装单价低、以年轻顾客为主要目标，但确实是实际需求较高的商品。

调查的是作为示范店的大型休闲服装连锁店的卖场布置。流行服装促销后的 8 月下旬依然很炎热，也正是商品销售的淡季，但是大型休闲服装连锁店进行了以夏季服装为主的卖场布置。秋季服装的销售旺季始于 9 月下旬。卖场满足了顾客的实际需求。这家二手服装店与休闲服装店展开了同样的销售策略，建立了满足顾客实际需求的卖场。

●通过观察卖场布置，提高卖场销售效应

即便是同样的示范店，流行一线的品牌专卖店在 8 月末开始销售秋季商品。同样的服装连锁店，由于示范店不同，卖场销售时期也有很大不同。

此外，商品的陈列也可通过参考各种卖场布置而打造有趣的卖场氛围。新颖的卖场布置当属百货商店的陈列窗。通过观察圣诞节、情人节等时期的百货商店的陈列窗，可有效提高员工的卖场布置能力，激发 VMD 的灵感。

6-10 | 引导发展潮流的大型商业设施的入驻商户调查

●观察购物中心

作为卖场趋势调查，我推荐的是购物中心的入驻商户调查。随着 20 万坪以上的超大型商业设施的开发，店铺的大型综合化在不断发展。调查店铺门面的租借者和设施就会发现一些意外的组合。

说到购物中心，以前一般以物品销售店为主，很少有服务业的入驻。80 年代的大型商业设施中，说到餐饮店以外的服务业，当属洗衣店等。但是，最近英语会话培训机构等文化中心、按摩店、保险代理店也入驻了。一些地区有名的餐饮兴旺店也设置了新店，开始入驻。

此外，观察最近新建的购物中心，会看到至今没有见到过的业种的入驻。最近的特点是有很多回收店入驻购物中心。

●得到新业态开发的启示

我调查了某大型购物中心的入驻商铺名单，发现有很多"二手服装店""二手品牌商品店""黄金、白金回收店"等二手店。

在考虑新业态的出现，以及物品销售店和服务业的组合时，购物中心和大型商业设施的入驻商铺组合很值得参考。

为了调查购物中心和大型商业设施的入驻商户，可以在主页浏览店铺名单，也可以实际前往购物中心，查看店铺的明细手册，并实际参观店铺。我强力推荐前往附近新建的大型购物中心考察。也许能得到新业态的启示或找到新的卖场组合。

　　今后大型商业设施的开发或许会有所减少，但笔者还是推荐对新概念购物中心的入驻商户进行调查。

实际前往大型商业设施

●可通过大型入驻商户手册等入驻商户名单调查新的业态和人气店铺

商业设施名称	人气入驻商户	以前没有的新入驻商户
A商业设施 （2000年开发）	● A donut店 ● B 女士品牌店 ● C 女士品牌店 ● D 杂货店 ● E 杂货店	● 生命保险 ● 旅行代理店 ● 不动产 ● 银行（自动柜员机）
B商业设施 （2008年开发）	● F 意大利冰激凌店 ● G 汉堡包店 ● H 体育品牌店 ● I 休闲品牌店 ● J 休闲品牌店 ● K 女士品牌店 ● 出口品牌店 ● 男士高级品牌店 ● 儿童服装品牌店	● 生命保险 ● 旅行代理店 ● 不动产 ● 银行 ● 邮局（窗口业务） ● 回收店（贵金属） ● 回收店（二手服装）

调查大型新商业设施的入驻商户

⬇

列出人气商户和以前没有的商户

⬇

从入驻商户的发展趋势判断流行趋向

要点

通过调查入驻商户，了解商业设施的发展趋势。

如果建立了新的商业设施，一定要调查入驻商户。

第 **7** 章

目标示范店调查

7-1 | 你的店铺有示范店吗？

●示范店的重要性

有这么一句话"守、破、离"。"遵照老师的教导，然后突破，最后创造出自己独特的艺术"。这是为了在艺术方面有所造诣的行动指南。"守、破、离"同样适用于店铺的建设。无论哪位经营者都应该有"想成为这样的经营者"或"想发展为这样的店铺"的想法。

正在发展中的店铺以示范店为基准。大部分店铺在创业初期都有示范店。但是，慢慢地在经营中满足于现状，而不再树立示范店。"没有示范店"其实就是自我满足，这点需要引起注意。

●示范店会随着店铺的发展而改变

某创业 20 年、销售额超过 100 亿日元的大型影像租赁店的经营者说道："示范店会随着自己店铺的发展而改变。"该公司常常快人一步地采取新举措。社长一直对社员说："觉得好的话，就要马上模仿去做。"社长自己也是经常"模仿自己觉得好的店铺"，即便销售额增加了，也总是说："还能有提高的空间。"他以这样的方式经营。

该公司必定推荐企业干部前往社长觉得好的店铺参观学

194

习。在晋升职务的考试和研修中，也经常让社员写关于示范店的想法。这样一来，所有员工都有了示范店这样一个目标，进而意识到自己店铺和示范店之间存在的差异。

意识到示范店的存在，就会想做得更好，并能理解具体的发展方向。

示范店不是只有一个。而且，不同业种、不同销售规模的店铺也可作为示范店。在店铺的氛围和接待顾客方面，觉得"想发展为这样的店铺"的示范店的存在是很重要的。

示范店做得好的地方

守	从可以模仿的地方开始改善
破	以自己的方式展开运用
离	开发全新的、独创的方法

年销售1亿日元时的示范店

年销售10亿日元时的示范店

年销售100亿日元时的示范店

随着店铺的发展而改变

7-2 如何选择示范店

● 寻找示范店

那么该如何选择示范店呢？如前所述，"觉得好"的店铺就是示范店。但这并不是说"只有这家店"，示范店可以有多家。

但是，向店铺员工和从业人员提出今后的发展方向时，最好确定具体的示范对象。因此，希望经营者能确定"目前的示范店"。

示范店可以选择 2~3 家，作为最终发展目标的"长期目标示范店"、作为今后 5 年内发展目标的"中期示范店"、能马上做到的"短期示范店"。当然，销售额不到 1 亿日元的创业初期，即便选择了"销售额 1000 亿日元"的店铺为示范店也无济于事。

还是根据自己店铺当前的销售额进行选择比较好。现在的销售额为 1 亿日元的话，就选择销售额 10 亿~50 亿日元的企业作为示范店，这样易于向从业人员说明，也容易模仿。

● 考察多家店铺

那么到底应该怎么选择示范店呢？首先要做的是考察多家店铺。如果想开始经营，那么至少要考察 100 家同行业店铺。想开拉面馆的话，最少需要考察 100 家拉面馆。

然后，必须考察的是被誉为业界第一的店铺。此外，在和业内人士、同行聊天时，别人提到的"这家店不错哦"的店铺，也必须前往考察。报纸、杂志上刊登的兴旺店也需要立即前往。

此外，在大街上行走时发现的"人很多"的店铺和场所，也必须驻足停留、仔细考察，或许会得到某些启示。总而言之，多考察被誉为"兴旺店"的店铺是找到示范店的前提条件。

考察多家店铺，找到示范店

7-3 | 与示范店比较

●从模仿开始

确立了长期、中期、短期的2~3家示范店之后，要将示范店和自己店铺进行比较。与示范店的比较和竞争店调查有所不同，可以轻松进行。

比较项目没有限制。比较备货、待客、卖场等都可以。尽量简单、轻松地进行比较。

然后，尽量站在顾客的视角观察示范店。对于顾客觉得"咦？这是什么"的有疑问的地方，以及感觉"这个真不错"的地方，详细调查并模仿。特别是要经常收集示范店的信息。如果是附近的店铺，可以收集宣传单和信息杂志。如果示范店有主页，要经常查看其主页内容。此外，如果示范店有了新的动向，就需要立即实际前往考察。尽量多了解示范店的动向，从能模仿的地方着手改善。

●尝试模仿一切

例如，去考察影像租赁店的备货，要有意识地加以比较，如"本店已经不再经营的古典电影，示范店却很重视"等，并将注意到的地方带回公司研讨，然后尝试模仿。本店也仿照示范店建立古典电影销售角，然后静待结果。结果好的话

200

最好，有时也会进展不顺。此时，需要考虑的是为什么示范
店能做好，而自己店铺却不能。特别是要思考本店和示范店
的不同。然后进行改善，再次挑战。是销售角位置不好，还
是没有张贴显眼的 POP？思考这些问题并进行改善。如果搞
不清原因，就要再次前往示范店考察。

对觉得兴旺店好的地方，加以模仿，一定会发现其兴旺
的原因。思考兴旺的原因也是向示范店学习的一种。

7-4 实际模仿短期、中期示范店

●将示范店的优点汇总在笔记本上

找到本店的示范店后，就要汇总示范店的优点。具体记下该学习哪些地方，汇总后向从业人员说明。如果还处在创业初期，考虑到员工今后会有所增加，需要记下本店的目标发展方向，即长期目标是哪家示范店。因为没有汇总想要学习的地方，所以很难告诉从业人员"建立怎样的店铺""以什么为示范"等。为此，需要明确向示范店学习的地方，记录备案。

此外，数次前往示范店后，会留下不同的印象，发现新的可以学习的地方。所以，需要记录下每次注意到的地方。可以的话，汇总在1本笔记本上。确立示范店→汇总示范店的优点→向第三者浅显易懂地说明。要做到这些，需要不断研讨内容。

●分发记录示范店优点的纸张

某回收连锁店的创业社长在创业时考察了数十家回收店，分析其"优点"和"缺点"，并记录下来。翻看记录本，对于自己觉得"这么做本店就能更好"的地方，加以实践，店铺因此获得了巨大的成功。示范店的存在作为具体的形象，容易向他人传达创业目标。然后，通过具体分析其优点所在，本店可以参考的部分就会明确。

此外，某回收店向从业人员分发了记录示范店优点的纸张。卖场面积较小的回收店以大型折扣店唐吉诃德为示范店进行压缩陈列。从业人员多次前往唐吉诃德店学习压缩陈列技术。先形成印象，然后具体示范，由此详细说明示范店及其优点。

将示范店的优点汇总在笔记本上

NOTEBOOK

店铺视察笔记

2009. 5. 1

A店

卖场面积150坪

从业人员 4人

品牌销售柜台的照明使用明亮的橙色照明球，呈现高级感。

→品牌销售柜台 采用研讨

收银台很脏

店头商品陈列没有做好

销售额 每月500万日元左右?

要点 在店铺视察记录本上写下所感及其他有用的东西。
以记备忘录的方式简单记录。

7-5 | 了解卖场和服务的变化

● 定期性发挥作用

应定期前往示范店考察。因为这样就能注意到"卖场和服务"的变化。为了向师傅学习必须定期练习，店铺创建也是同样的道理。可以的话，每月视察一次示范店。如此频繁地前往，就能培养观察能力，注意到细小变化。

定期访问示范店也有助于提高自己的工作热情。视察示范店让自己觉得"还能提高，还能进行改善"的店铺是比较好的示范店。

● 第一的企业每天都在变化

回收业界销售额第一的店铺是总部设在名古屋的 KOME-HYO。我对与我有来往的回收业界的经营者说："每年考察一次 KOMEHYO 的卖场。"

正在发展中的店铺经营者必定会每年四次前往 KOME-HYO。那是为了学习各个季节的新举措。KOMEHYO 回收柜台的清洁感、店员的待客等，有很多值得向 NO.1 学习的地方。

定期考察就能敏锐地觉察到卖场构成的变化及备货的变化。虽然一眼看上去没有什么变化，但实际上"NO.1"每天都在变化。

此外，如果示范店开了新的分店，一定要前往考察。因为很多新开的店里"都有新的举措"。我建议在店铺开业的当日~1 周内去考察。因为通过开业时的促销及感受现场的干劲，可以提高自己的工作热情。

树立示范店，一是为了模仿店铺，二是为了提高工作热情。

7-6 | 调查示范店的供货商

● 发现新商品

考察兴旺店的备货，有时会惊讶于"为什么会有这样的商品呢"，因为其经销着一般店铺不经营的商品。

当觉得"这个商品不错啊"的时候，应探讨自己店铺能否销售，这点很重要。为此，必须调查商品是从哪儿购入的。仔细查看该商品，会发现背后贴有标签。标签上写有批发商和厂商的名称、电话号码。了解了这些信息，只要打电话给该公司，就能采购和示范店一样的商品。

或者也可以购买商品，咨询熟悉的批发商和厂商。一定会得到一些信息。某影像店的社长每次视察店铺都能找到新的供货商。为了备齐各种商品，海外的影像软件自不必说，连杂货和玩具等，只要觉得"好"也要采购。

● 获取隐藏信息

兴旺店的兴旺秘诀常隐藏在看不到的地方。获取了示范店的隐藏信息，就会有意外的发现。例如，如果示范店是知名企业，那么收集各媒体的报道和信息后再去视察店铺，就会得到很多启示。

经营服装的岛村的商品补充在夜晚店铺关门后由配送司

机完成。为了让司机轻松了解商品的配置，无论哪家店铺都采用同样的布局和柜台设置。这是媒体经常报导的内容，我实际上也数次前往岛村的店铺考察，卖场的配置果真都一样。因为不需要销售人员陈设商品，所以白天的工作人员也比同等规模的服装店少 2~3 人，从而节约了人工费。确认了这些信息后再去店铺考察，会发现很多的"果真如此"。

寻找示范店的隐藏信息

○○店的报道！

注意去看的话，就会发现载有很多示范店的信息。

当地美食通透露的名店的隐藏秘决

7-7 | 拜访示范店的社长

●收集示范店的信息

最近，比起看得到的地方，很多店兴旺的秘诀都隐藏在看不到的地方。这是因为，与以前相比，拉开差距的要素从商品（进货力的差别）扩大到了物流、IT（信息）的用法的差别。

此外，感性的部分及店铺格调的不同，也成了畅销店铺和非畅销店铺的差距所在。看不到的人才培训、提高工作激情的人事制度、交流方法等，诉诸"人"的感性和感情部分的对策有很多。

为了了解这些隐藏的兴旺秘诀，单进行店铺调查是不够的。为了了解该店铺的兴旺秘诀，必须收集相关信息。关于信息收集，如果是上市企业，可以从公司的季报，帝国数据总库的业绩和分析评论入手，也可以从报刊报道和业界信息杂志入手。

●前往示范店获得启示、有新发现

为了获取这些隐藏信息，前往示范店拜访社长会有较大的收获。"即便与繁忙的社长预约了，也未必会见我"，特别是企业越大就越会认为"根本不会见我"。但是，如果写一份诚挚的信函，表达"想努力成为和贵店铺（企业）一样出色的店铺"的热情，具有前瞻性的社长就会安排时间见面。

信函应尽可能手写。写完信后的一周内打电话。如果是大企业，一般采取这样的步骤联系，先直接写信给社长，然后通过传真与宣传部门、社长办公室确认，再打电话。如果一次不行，再试着联系第二次、第三次。只要诚挚的热情被对方认可，取得见面的机会就很大。我也多次写信并有幸拜访社长，由此得到了很多启示和新发现。拜访社长也是向示范店学习的一种好方法。

2007年○月○日

株式会社○○○○
董事长/社长 ○○○○ 先生/女士

[株式会社]船井綜合研究所

　　承蒙您的关照。鄙人是船井综合研究所的野田芳成，经营顾问，以活跃回收业为主要课题，主要负责回收店的实务支援和开发。本次冒昧致函是想拜托○○社长在敝公司举办的"提升回收店销售额实践研讨会"上作为客座讲师进行讲演。

　　"提升回收店销售额实践研讨会"是日本全国各回收店热心学习的社长的定期学习会，现在，○○公司的社长每月光临敝公司（东京总部），定期召开会议。

　　请您介绍一下自○○○○年创业以来，贵公司飞跃发展的成功经验、失败经历，以及现阶段的措施、今后的方针等。日本中小企业的发展陷入了发展停滞期，对于参加研讨会的各位经营者而言，您的讲演一定会带给各位社长新的启示，让他们鼓足干劲。考虑到本次研讨会的内容，恳请○○社长前来演讲。

　　关于研讨会的主旨及请社长您演讲的题目，我会另外说明。研讨会的预定日程是○月○日下午1点。烦请○○社长做一小时左右的演讲。

　　演讲中，您可以积极介绍贵公司的事业和服务等。关于演讲的协助费用，请您告诉我您的期望条件。

　　希望有更多的经营者能听到○○社长的宝贵发言。务请探讨为感。请多关照。

株式会社船井综合研究所
第一经营支援部
回收事业支援小组 代理次长
野田芳成
大阪市北区丰崎4-12-10
Tel: 06-6377-4146
Fax: 06-6377-4368

要点

直接给示范企业的社长写信。
（信函的例子）研讨会客座讲师委托函。

214

7-8 | 建立店铺，养成多处参观兴旺店的习惯

●通过视察活动能明白的东西

关于示范店考察，我推荐参加顾问公司、厂商举办的兴旺店考察活动。考察的店铺中如果有本店的目标示范企业，一定要参加。

参加兴旺店考察活动的好处有很多。首先，专业顾问和负责人会讲述实现兴旺的要点（得到资料）。其次，能够公开问工作人员一些想了解的内容，以及一般的店铺考察中难以明白的东西。

此外，还能直接从社长和负责人那儿听到有关工作艰辛的话题。而且，参加活动时还能和同行业者交换信息，发现自己忽略的兴旺要点，得到启发。

●在考察活动中提高工作激情

船井总研的回收店支援小组也从 8 年前开始举办回收行业兴旺店铺考察活动。每次都有很多客户参加。在活动中，兴旺店的社长和店长谈论经验，回答与会者的各种提问。由此可以看出，参加考察活动能学到很多仅靠观察不能理解的东西。

最近，有关兴旺要点，人们常常谈论的是物流体系的构

筑和 POS 体系等。显然，一些看不到的差异化正在不断发展。观察店铺的后台操作，就可看出经营的内幕，发现很多能带回自己店铺进行研讨的内容。

我们每年计划举办视察活动。经营者和店长每次都很乐于参加，参加的企业得到了各种启示，自己店铺能做的马上进行了实践。参加活动的店铺的等级和经营者的工作激情在考察活动后都得到了提升，这点毋庸赘言。

直接考察兴旺店的活动

● 实际考察兴旺店，直接听介绍

● 听参观企业谈论经验

要点 在兴旺店考察活动中听讲师介绍经验。活动中能观察实际店铺运营，听介绍，所以传达比较生动。

7-9 | 在海外考察中获得启示

●在海外寻找新视角

我还推荐考察海外的兴旺店。20 多年前，美国零售业的发展就比日本快 10 年以上。船井总研也组织了前往美国和欧洲的零售业考察活动，很多社长都参加了。现在，经济全球化，很多海外的兴旺店也在日本开设分店，所以去海外考察的经营者变少了。

但是，即便是同一业界，日本和海外店铺的开设方法、顾客的利用方法都不相同，从改变视角这一角度来看，可以每年去不同的国家考察。船井总研的董事长小山政彦说："要去考察美国的'新芽'和欧洲的'存续因子'。"因为会得到各种启发。

●获得拓展事业的启示和刺激

我在海外考察时，也着重视察了我比较擅长的咨询领域，如：二手行业、服装店、大型商业设施等。从我对美国、欧洲等店铺的考察来看，销售、买入商品的二手店，以及其店铺等级、多样性等方面，日本当属第一。

在美国，很多人通过自由市场和网络拍卖出售商品。大部分回收店都是以帮助穷人为主旨的、公益性质的店铺。在法国等欧洲地区，二手服装店有很多。与此相比，日本人比较喜新厌旧，往往会卖掉尚有足够商品价值的货品。而欧美人大都一直用到不能再用为止，因此二手商品的价值相对较低。但是，价格昂贵的"古董和葡萄酒的流通"则在发展中。特别是欧洲的很多有钱人都收集古董，古董家具和宝石的流通一直在发展。今后在日本，以高收入者为主的葡萄酒收集者或许也会增加。

考察海外的店铺和市场可以获得拓展今后事业的启示。

●2006年策划的美国考察活动的宣传单

法国考察活动中拍摄的古董街的照片

要点 考虑拓展新事业时，可以通过海外视察活动获得新的启发。
定期参加海外视察活动，就能注意到市场的变化。

7-10 | 对目标示范店展开调查

●向不同行业学习的兴旺店考察

短期、长期示范店可以从同行业中选择。从能形成具体印象、选择能作为目标的示范店这一角度来讲，向同行业学习比较快。

但是，如果能和向同行业的兴旺店、示范店学习一样，养成向不同行业学习的习惯，就能从更广的角度建设店铺。

工作一忙，视野就会变窄，往往会失去关注不同行业的兴趣。在成熟行业不断增多的日本，如果仅从同行业获得信息，很难产生新的想法。从这个意义上来讲，也应该有意识地向不同行业学习。

为了向不同行业学习，需要确立主题。例如，以"稳定客源"为主题收集示范店的事例。

●分析自己喜欢的店铺

我建议，找到自己喜欢的店铺。我是从回收行业的顾问开始起步的，当时也有自己喜欢的咖啡店和蛋糕店。同时，我也向客户咨询了他们喜欢的店铺，并整理成表，然后分析为什么自己成了那家店的固定客户。由于是自己喜欢的店铺，所以很多时候都是无意识地前往。但有时需要留心思考。

对于自己喜欢的店铺，请养成按主题思考的习惯。例如，"稳定客源"是怎么做的，然后马上就能分析。蛋糕店味道好就有回头客，服装店和鞋店审美观与顾客相同就能吸引顾客，理发店则通过店员和顾客的共同话题吸引回头客等。行业不同，"稳定客源"的要点也不同。改变视角，就能学到更多。

关键是要思考自己为何喜欢那家店铺。

分析自己喜欢的店铺

自己喜欢的 店铺 究竟哪儿 做得好呢?

第 **8** 章

▼
▼
▼

在本店调查中找到自己店铺的优点

8-1 找到自己店铺的优点

●了解自己的店铺

了解自己的店铺比调查竞争店更为重要。调查自己店铺，能够有很多发现。

拥有多家店铺的连锁店创建兴旺店的方法是比较各分店。观察拥有 10 家分店以上的连锁店的各店的业绩，可以发现这样的法则，生意兴旺的店铺占 20%，盈利、处于平均水平的店铺占 60%，亏损的占 20%，即 2：6：2。

为了提高整体业绩，需要以兴旺店为示范店，激励平均业绩的店铺和销售不佳的店铺。调查生意比较好的 20% 的店铺就会发现差异所在。而了解了这些差异，就是让平均业绩的店铺离兴旺店更近了一步。相反，20% 业绩不佳的店铺也有差异。差异主要是选址、员工的工作热情等。

模仿兴旺店的不同，找到业绩不佳店铺的不同，就可进行改善。为了分析不同，需要对各分店进行比较。首先比较重要的经营指标。

●彻底模仿生意兴旺的分店

例如，下表是兴旺店和业绩不佳店的重要指标，在此以每月每坪的营业额和周转率为主。

比较项目	兴旺店 A	平均店 B	平均店 C	业绩不佳店 D
每月每坪营业额（日元）	10 万	6 万	7 万	4 万
周转率	10 次	8 次	6 次	4 次

　　从上表可以看出，与其他店铺相比，兴旺店 A 的每月每坪营业额和周转率都较高。业绩不佳店 D 的每月每坪营业额和周转率都不到兴旺店 A 的一半。接下来，就具体调查为何会产生这样的差异。为此，寻找兴旺店 A 的备货、卖场布局的不同以及后台操作的不同。通过彻底分析兴旺店 A，找到能运用于其他店铺的经营方法是本店调查的关键所在。然后，和各店长讨论兴旺店和业绩不佳店的不同，并着手改善。

比较各分店

●地方量贩店

（百万日元）

额	A店	B店	C店	D店	E店	F店	G店	H店	I店	J店
销售额	7700	8300	16440	21000	31000	24300	8109	21091	7454	9376

率	A店	B店	C店	D店	E店	F店	G店	H店	I店	J店
成本率	28.9%	26.9%	27.0%	32.6%	25.3%	32.4%	22.0%	38.1%	30.9%	31.3%
销售额总利润率	70.3%	81.1%	73.1%	80.3%	77.3%	79.9%	77.0%	68.7%	73.8%	69.0%
销售管理费比率	66.3%	69.4%	64.3%	78.9%	72.9%	77.3%	73.3%	62.1%	70.7%	71.0%
人工费用比率	34.1%	31.5%	29.1%	43.3%	38.1%	39.9%	29.8%	25.3%	31.6%	30.7%
店铺费用比率	17.7%	18.6%	17.3%	14.1%	16.4%	20.0%	–	16.0%	14.7%	19.0%
营业利润率	4.0%	11.7%	8.4%	1.3%	2.4%	2.6%	3.7%	6.6%	3.0%	– 2.0%

调查毛利润率较高的B店、D店和毛利润率较低的H店、J店的不同。

●拥有多家店铺的连锁店比较各分店

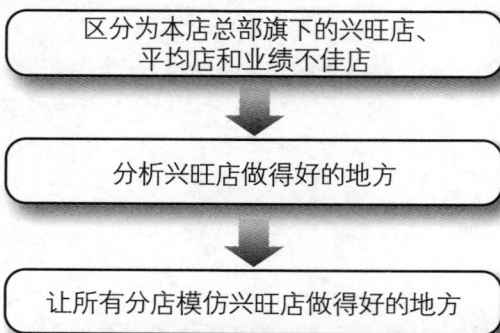

区分为本店总部旗下的兴旺店、平均店和业绩不佳店

↓

分析兴旺店做得好的地方

↓

让所有分店模仿兴旺店做得好的地方

要点

分析本店总部旗下的兴旺店和业绩不佳店的不同之处，制订改善店铺的方针。

连锁店以兴旺店20%、平均店60%、业绩不佳店20%的比例存在。

8-2 | 调查兴旺店和业绩不佳店的备货情况

●与兴旺店比较

将本店总部旗下的兴旺店和业绩不佳店相比较，能发现很多东西。特别要比较与兴旺店存在显著差异的部门的商品构成和陈列方法等。

例如，服装店 T 恤的销售，各分店有很大不同时，需要彻底比较兴旺店和业绩不佳店的备货情况。款式、设计、颜色、供货商等，从各个角度进行比较。一般而言，兴旺店的很多商品都比较注重设计和颜色的潮流，所以店铺员工对畅销商品比较敏锐。

以二手店为例也是一样的。销售好的店铺总有很多符合潮流的颜色。与此相反，销售不佳的店铺卖场则多以黑、灰、白的单色系为主。几乎所有商品，兴旺店和业绩不佳店对"畅销品"的认识是不同的。

●听畅销店店长介绍成功经验

为了理清这些不同，需要将商品构成的不同汇总成表。然后，听兴旺店的店长和采购员介绍备货方法。这样会得到很多启示。由此明确和兴旺店在备货方面存在的差异。如果了解了店长和采购员在商品构成方面想法的差异，改变就比较容易了。

对于卖场的不同可拍照进行比较。兴旺店的卖场设有"吸引顾客购买的小机关"，所以卖场氛围有微妙差异。以服装来讲，就是柜台的陈列层数有差异，陈列商品的思路有不同。

改变业绩不佳店的备货和采购员的想法并不是件容易的事。但是，如果明确了畅销店和非畅销店的差别，再请畅销店店长介绍成功经验，业绩不佳店的店长和采购员也会比较容易模仿。

关于兴旺店的备货和卖场陈列的思路，也可在店长会议上学习。

向兴旺店学习

店长学习会上的发表状况。共享兴旺店的经营方法。

要点

共享兴旺店的经营方法。

模仿兴旺店的经营方法，会有相应改善。

找到畅销店和非畅销店的不同。

8-3 | 定期访问、检查店铺

●店铺检查表

为了在一定程度上维持店铺的等级，可以使用店铺检查表。定期检查店铺，就可清晰地列出需要改善的地方。

店铺检查至少每月1次。检查项目应事先准备，并传达至各店店长。通过传达检查项目，明确店铺的重点课题。前往店铺后，根据清单检查店铺的状况。检查表列出了店铺应重视的方面。检查表因店铺不同而不同，但一般而言，需要检查店铺的清扫状况、备货、陈列、员工的待客态度等。

检查结束后，将内容清晰地汇总成《指示文件》，列出"改善点"和"改善希望"，并与店长讨论结果。与店长讨论、确定改善点后，明确下一次的访问日程、改善日期、措施等，结束检查。

●根据店铺检查表共享问题意识

某综合回收店将所有措施都制作成文件，张贴于后台，通过与员工持有共同的问题意识，提高店铺等级。通过每月张贴本店的打分表，员工们明确了本店的等级和面临的课题。店铺的清洁在检查后应仍然保持良好。

很多店铺都制作了检查表并加以运用。但很少有店铺与员工共享问题点，并持续采取措施。为了定期检查店铺，经营者需要明确持续检查的决意，并进行评价。经常有经营者为店铺检查不能持续而感到烦恼，其原因在于经营者本身没有检查的决心。应适当修改检查表的内容，让检查容易持续，并采取措施提高本店的等级。

让全体员工了解检查表

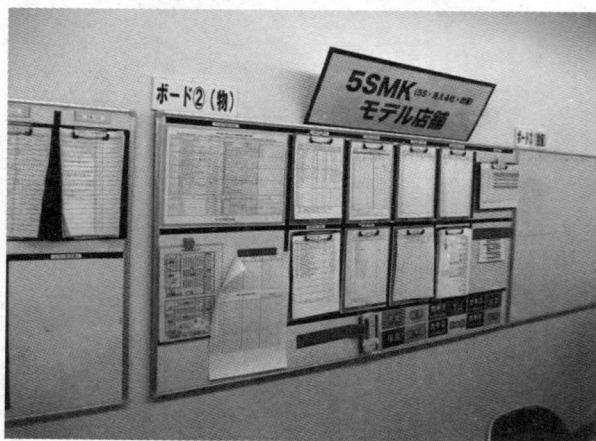

将检查表张贴在墙上，员工意识会有所改变。

> **要点**
>
> 将店铺检查表张贴在墙上，员工容易持有共同的意识。
>
> 记录下改善点和希望，进行检查。
>
> 内容应适当地修改。

234

8-4 以暗访的形式、用数字标出本店的等级

●暗访的概念

检查店员待客等水平时，比较有效的方法是"暗访"。

所谓暗访，是指不告知店员的、调查店铺等级的方法。这种调查方法会因评价者的水平不同而在结果上呈现差异。因此，很多店铺委托专业顾问进行调查。小型店铺则可临时聘用人员。

实施顺序如下：①确定评价项目；②招聘临时调查员；③向临时调查员说明评价方法；④实际检查店铺；⑤汇总评价表；⑥反馈给评价店铺；⑦以反馈信息为基础进行改善；⑧隔段时间再次检查店铺。

简而言之，暗访是在员工不知道的状况下，从顾客的视角对店铺进行以待客为主的评价方法。调查员应尽可能是外行、站在顾客视角的人员。所以，在调查时，可以为了调查临时雇用新员工。

●确定评价项目

首先制作评价项目表。因为是雇用新的临时调查员进行检查，所以需要具体确定想了解的项目。例如，关于"店员的微笑"，应明确具体项目，如从入口处店员就持有"让人

感觉舒服的笑容"等，并以 1~5 分进行评价。评价项目的内容应尽量易于评价、易于理解。除了待客，能够检查的，如卖场的陈列状况、清洁、备货等应一并检查。

委托调查的临时员工应从最常光顾本店的主要顾客层中选出。关于年龄，理想状况是，主要年龄层的比例为 60%，前后两个年龄层各占 20%。尽量选择和顾客层相同构成的调查员。

确定暗访的调查项目

分类	项目	检查要点	评论	分值				
店铺外、入口周围	店铺旗帜、外部标志	店铺外插上合适数量的"旗帜"		1	2	3	4	5
	顾客停车场状况	清洁、垃圾、杂草保持在应有状态。垃圾桶的内侧保持干净		1	2	3	4	5
	业务车辆、挡风过道设施管理状况	车内清洁，门、地板等整洁，POP良好		1	2	3	4	5
	店铺入口告知	活动告知、防晒POP的有无		1	2	3	4	5
	店铺入口附近	自动贩卖机周围、玻璃清洁、走廊干净		1	2	3	4	5
	店铺侧面和后方	即便是看不到的地方也不堆放杂物。清洁、杂草、垃圾等状况		1	2	3	4	5
主力部门	商品数量	想出售的商品陈列较多，感觉数量多		1	2	3	4	5
	商品的品质、保鲜管理	价格与价值相当，适当，有长期滞销商品对策		1	2	3	4	5
	卖场的清洁	有无蜘蛛巢，地板的清洁状况，垃圾，商品上的灰尘，用具配置，陈列杂乱、POP杂乱等		1	2	3	4	5
	卖场的创意	POP，展示，注重变化，卖场不让人生厌		1	2	3	4	5
	吸引购买	各单品吸引购买，促销一目了然。有促销手段		1	2	3	4	5
主力部门	商品数量	想出售的商品陈列较多，感觉数量多		1	2	3	4	5
	商品的品质、保鲜管理	价格与价值相当，适当，有长期滞销商品对策		1	2	3	4	5
	卖场的清洁	有无蜘蛛巢，地板的清洁状况，垃圾，商品上的灰尘，用具配置，陈列杂乱、POP杂乱等		1	2	3	4	5
	卖场的创意	POP，展示，注重变化，卖场不让人生厌		1	2	3	4	5
	吸引购买	各单品吸引购买，促销一目了然。有促销手段		1	2	3	4	5
卖场整体评价	入口正面的状况	有欢迎的招牌。陈列当季商品		1	2	3	4	5
	店内照明、店内环境	照明都开着，各部门的标志清晰，室内温度管理按规定调节恰当		1	2	3	4	5
	面向顾客打包商品	有社长简洁，收银处发放宣传单，有可以自由拿取的宣传单		1	2	3	4	5
	购买的告知状况	到处都有购买告知，促销明确		1	2	3	4	5
	商品的品质、保鲜管理	价格与价值相当，适当，有长期滞销商品对策		1	2	3	4	5
	卖场的清洁	有无蜘蛛巢，地板的清洁状况，垃圾，商品上的灰尘，用具配置、陈列杂乱、POP杂乱等		1	2	3	4	5
	卖场的创意	POP，展示，注重变化，卖场不让人生厌		1	2	3	4	5
	吸引购买	各单品吸引购买，促销一目了然。有促销手段		1	2	3	4	5
	偷盗防止	偷盗防止POP，防盗门正常启动，关注范围广		1	2	3	4	5
收银台、柜台	出声营造营业氛围	员工都能精神饱满地打招呼，立即回答，经常广播音		1	2	3	4	5
	打招呼的礼仪	行礼姿势正确，笑脸迎客，不让顾客等待，用语正确		1	2	3	4	5
	负责人的店头指挥	店长、主管等主要人员在卖场柜台现场指挥		1	2	3	4	5
	结账、交易时	报出价格、商品品种进行结算，两手接待，提示积分卡		1	2	3	4	5
	购买时推销售时待客	100%说"……感谢您的耐心等待"		1	2	3	4	5
	购买时推销售时待客	必要的待客，言行举止让前来出售商品的顾客感到舒服		1	2	3	4	5
	收银管理状况	收银处无现金差异，无不明现金和长期保管的发票		1	2	3	4	5
	收银柜台的状况	从顾客角度来看，干净，需要的信息一应俱全		1	2	3	4	5
	柜台内、作业场所状况	整理整顿，清洁，商品库存管理状况，备品管理状况		1	2	3	4	5
清扫	后方商品管理状况	后方无商品存放，当季商品全部出柜。整理整顿		1	2	3	4	5
	备品管理状况	备品、工具等整理整顿，管理状况良好，不多也不少，适量		1	2	3	4	5
	厕所清扫状况	从便器到水池都清洁、无不快感。备品准备适量		1	2	3	4	5

8-5 | 暗访调查的方法

●说明调查内容

一开始要向临时调查员说明调查内容。关于调查项目要逐一进行细致说明。让调查员明白各个项目"调查目的"。

例如，关于"微笑"。要告诉调查员，店铺"以让顾客感到舒服的待客为目的"。当然，微笑也有多种，但是告知了调查目的，就可期待得到与目的相符的调查结果。

此外，关于评价理由，一定要请调查员记录与目的相符的感想。而且，由于调查员与一直光顾店铺的顾客相同，所以在这个阶段，如果调查员对店铺有任何意见，一定要反映在项目中。调查员的意见都是自己平时没有注意到的细节，值得参考。

●公开调查结果并讨论

在调查员理解评价项目后，实际进行店铺检查。店铺检查应分工作日、双休日、节假日进行。

特别是待客检查，将工作日的闲散时期和双休日的繁忙时期相比，会发现待客的很多不同。因此，要让调查员检查有什么样的不同。如果店铺有数家分店，那么要在 1~2 周内对所有店铺进行检查。

调查结束后，汇总调查表，与调查员一同讨论调查结果。然后，一边和店铺员工探讨调查总结出的改善点，一边确定改善项目。

根据改善方案确定改善日期，日期一到，再次进行相同的暗访调查。此时，不要让同一调查员调查同一店铺。短时间内反复进行相同的调查，有助于店铺等级的提高。

应向员工公开暗访调查得出的调查结果，并进行讨论。此时，如果和临时调查员一同讨论、交换意见，内容会更翔实。

8-6 录像调查待客

●通过录像调查了解真实的待客状况

暗访调查的方法之一是录像调查。调查方法比较简单，就是拍摄实际待客的场景。调查前确定暗访的场景、"设定（剧本）"，然后观察员工的反应。此时，可以故意设定顾客投诉的场景，然后观察店员的应对。

由于录像调查能记录下实际的声音和表情，之后也能观看，所以易于进行具体改善。调查后，一边和员工观看录像，一边讨论待客。由于录下了待客的场景，应对不细致的店员也无法狡辩，所以会老实地倾听改善点。

●待客调查可以让店员产生待客时的紧张感

综合回收店的待客印象很不好。在我负责的店铺也用录像进行了待客调查。结果，录像记录下的待客并不是"还凑合"。

社长之前也注意到了员工的待客问题，但一直未能指出到底是哪儿不好。

但是，通过录像调查待客，就可以一边看录像一边具体地指出"谁的、不行"或者"谁的、还行"。关于待客，在实际记录下自己的表情和声音的录像面前，就连强调"我做得挺好"的顽固员工，也会无话可说。

而且，通过这样的方式容易判断具体的商品和状况，一边看一边讨论也更容易提出建议。这也是优点。

在录像调查后，员工会产生"下次调查不知道是什么时候"的想法。定期进行录像调查，全员讨论，就会产生待客紧张感。

有助于保持紧张感的调查

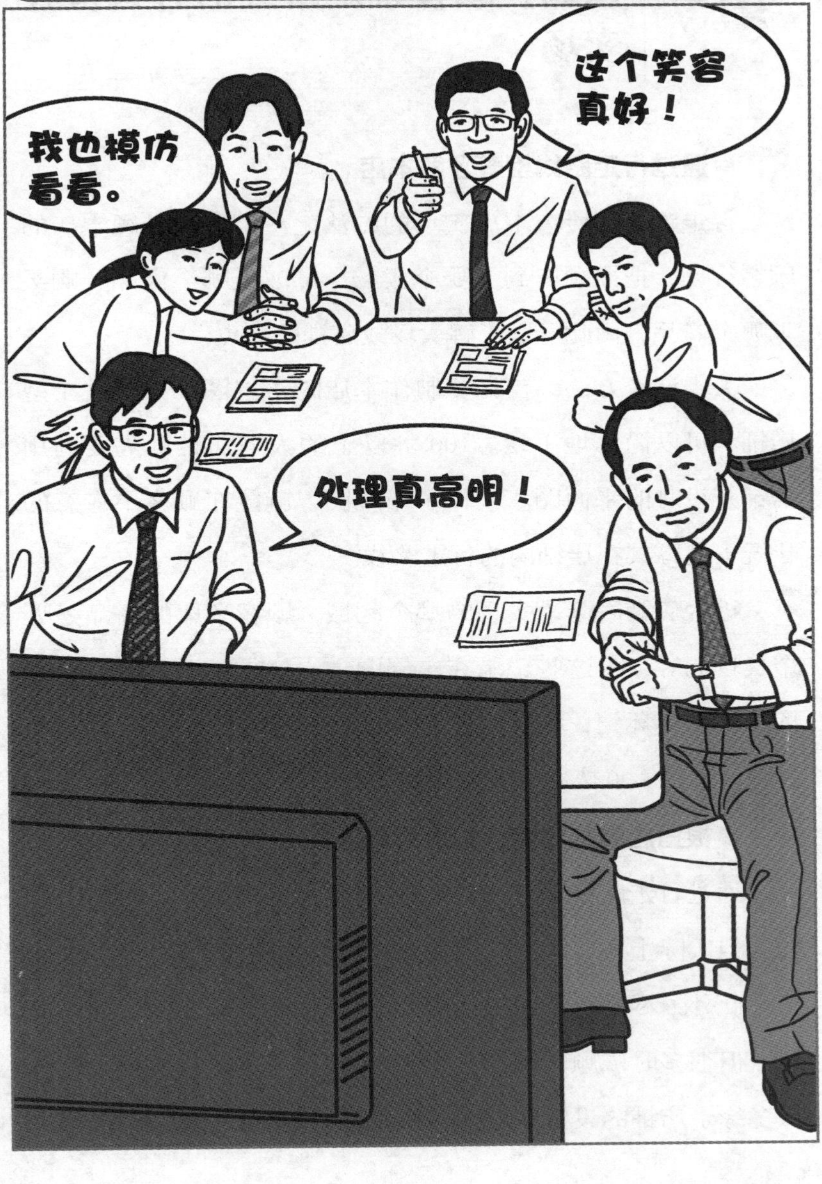

8-7 以调查顾客行走路线的方式检查卖场

●通过行走路线检查了解本店

行走路线是检查本店卖场的方法之一。追踪光顾本店的顾客行动，把握顾客到了哪个卖场、拿取了哪个商品、购买了哪个商品，由此可以了解卖场或店铺的特点。

关于调查方法，首先要制作本店的布局图。如果是小型店铺，可以简单地手绘。100 坪以上的大型店铺则需要利用店铺开设时的平面图。制作了布局图，就能在顾客不在意的状况下追踪其在店铺内的行走路线。

进入店铺后逛了卖场的哪个区域，顾客拿取的商品是哪个卖场的等，将这些记录在布局图上。停止时以△标记，拿取的话以○标记，购买则标注为◎，让标注的顾客行动简明易懂。可以 100 人左右为对象进行考察。

●根据店铺的特点，扩大所逛区域

通过行走路线调查，可以明白本店的特点。人习惯于左转，但实际上顾客的流向因店铺卖场的不同而不同。

此外，尽管主干通道设置得较宽，希望顾客往店铺里面走，但很多时候顾客最终还是前往了不同方向的卖场。这些很多缘于店铺的设置和氛围。不要拘泥于理论上的布局规划，按照顾客的动向变更布局，顾客的流向就会改善。

　　为了提高店铺的销售额，理想状况是尽量让顾客在店内多逛。通过行走路线调查，就能制订让顾客在店内多逛的对策。在顾客易迷路的卖场，可探讨指示图或卖场分区图的设置。

　　顾客所停留的地方是店铺的一等区域。通过行走路线调查，很多时候会发现一些未曾注意到的地方也是一等区域。然后变更卖场布局，在一等区域摆放主力商品销售。

通过行走路线检查，扩大顾客所逛区域

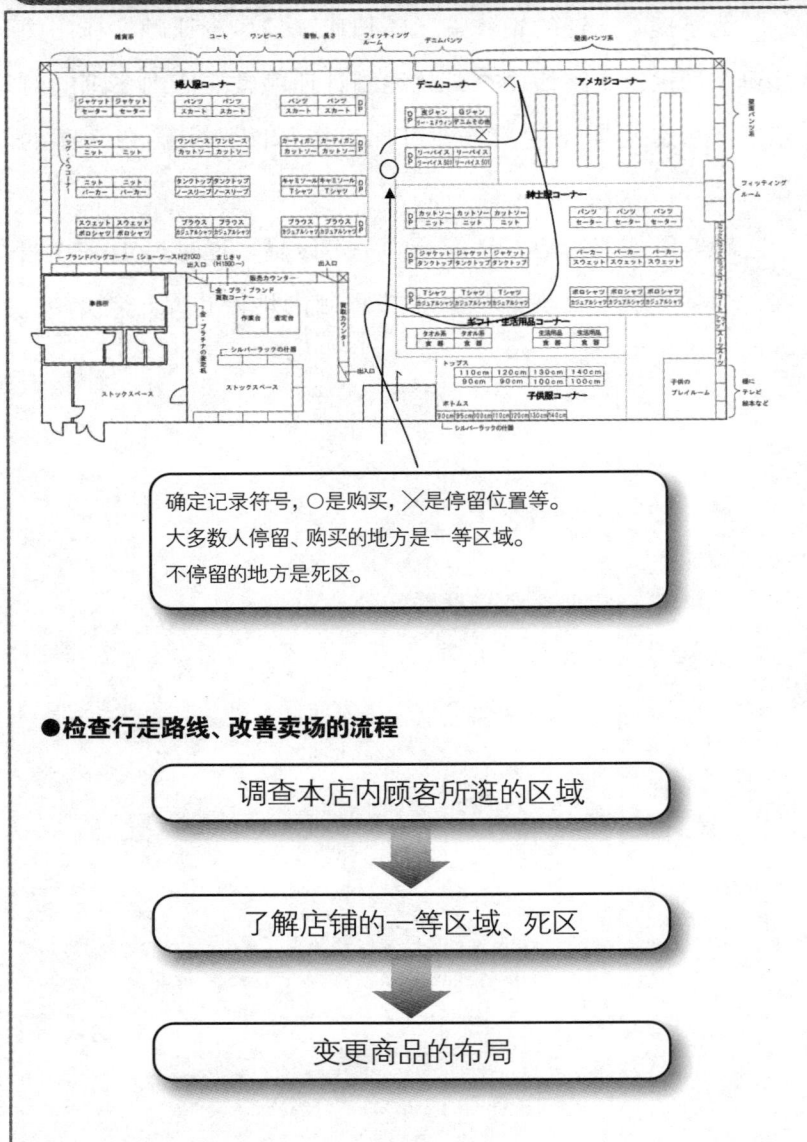

确定记录符号，○是购买，╳是停留位置等。

大多数人停留、购买的地方是一等区域。

不停留的地方是死区。

●检查行走路线、改善卖场的流程

调查本店内顾客所逛的区域

↓

了解店铺的一等区域、死区

↓

变更商品的布局

246

8-8 通过调查店头出口了解本店的魅力

●直接询问顾客的方法

所谓"店头出口调查"是指在出口处对光顾本店的顾客进行问卷调查。在出口处调查顾客光顾本店的理由和所购商品。了解了顾客是为了购买何种商品而光顾本店的话，就可运用在商品对策中。与此相反，如果本打算购买，最终却没有买，就要了解原因，探讨改善对策。

要点是尽量就商品展开具体询问。店头出口调查能直接询问顾客对本店的看法。应尽量就顾客的希望和商品展开具体询问。如果是服装店，那么就要询问"购买了哪种商品""颜色""品牌"等的购买理由。分析来自消费者的这些信息，可供采购员做采购参考。而且，通过直接询问顾客，也可以判断顾客对本店的满意度。

●出口调查的方法

在店铺出口安排调查员。人员数量因店铺规模不同而有所不同，但一般而言，如果要做 50～100 人的抽样调查，则应在店铺营业时间内安排 3 位以上的员工。

选择工作日进行调查，1 天完成。向实际购买商品的顾客打招呼："请您配合问卷调查。"对于同意参加调查的顾客，不要忘了送上赠品和提供优惠。

　　问卷调查表应事先准备妥当。比起站着进行调查，坐着的方式更有利于听到顾客的心声。所以，需要准备好桌子和椅子。然后汇总调查结果，记录下"光顾本店是为了购买哪些商品"，"原本打算购买、最终却没有买的原因是什么"，是"待客不周"还是"商品不够新鲜"等原因。汇总调查结果，分析本店的强项和弱点。特别是通过了解众多顾客"光顾本店是为了购买哪些商品"，就可再次确认顾客对本店的期待，以及与其他店铺相比，本店被"信赖"的地方。这些可以反映在商品对策和卖场建设中。

出口调查使用的问卷调查用纸

●回收店的例子

非常感谢您今天光顾○○回收店。

本店为了提高顾客满意度进行问卷调查。

请您协助调查。

问题 1 ）今天光顾本店的契机是

      ·看到了宣传单 ·看到了招牌 ·路过

      ·想买东西

      ·其他（   ）

问题 2 ）回答想买东西的顾客→

    光顾本店打算购买哪些商品？

      ·家具·家电·衣服·礼物·杂货·品牌·钓鱼器具

      ·玩具

      ·其他（   ）

问题 3 ）是否购买了打算购买的商品

问题 4 ）请您告知购买商品的原因、没有购买的原因

      ·购买原因

      ·未购买原因

问题 5 ）今天有没有购买本没有打算购买的商品（冲动购买的商品）

问题 6 ）请您告知冲动购买的原因

问题 7 ）请您告知除本店外您经常光顾的店铺

8-9 | 通过调查员工意见了解店铺现状

●了解员工的想法

在进行店铺改善时，通过调查确立目标店铺是比较容易的。但如果与实际工作的员工的目标店铺形象、现状之下"能做的"相脱离，店铺改善是很难实际执行的。

因此，为了了解员工的想法，不可或缺的是员工意见调查。在进行店铺改善时，可就公司的形象、劳动环境、卖场，以及店铺等询问员工。员工调查有几种方法，大致可运用以下3种：①问卷调查填写方式；②个别面谈方式；③小组讨论方式。持有听取员工意见的机制意味着能了解店铺员工的工作热情。

●三种方法了解员工的工作热情

①问卷调查填写方式的展开，首先是为了把握整体的问题点。收集答卷、计算比率，然后将问题反馈给从业人员，并在会议上讨论。这种方法有助于综合判断公司和店铺持有的问题。

②个别面谈方式是让员工个别谈论所思所想。有时谈着谈着，会发现很多意外的事实。可以了解店铺的人际关系等情感方面的问题。

③小组讨论方式可以让员工讨论本店的强项和弱项，在考虑店铺和事业改善方案时，可以听到所有员工的意见。这种方法在决定方向性时比较适合。

①每年一次、②每月一次、③有新规划时使用。灵活运用三种方法，设法了解员工的工作热情。

员工意见调查

● **小组讨论方式用纸**

名字	负责部门	意见	应对

● **个别面谈方式用纸**

○○员工面对面调查（　　月　　日）

问题1）现在最困惑的事

问题2）觉得店铺应改善的地方

问题3）关于人际关系

问题4）关于顾客的希望等的感想

问题5）设备方面的改善项目、希望

问题6）其他

8-10 活用顾客问卷调查，再次认识本店的优点

●了解本店优点的方法

了解本店优点的调查有很多。如果设有分店，可以将本店旗下的各分店加以比较，以兴旺店为示范店加以改善。或者使用检查表进行店铺诊断。这些了解自己店铺的努力非常重要。但是，调查的结果往往都是本店的缺点，很难找到优点。

了解本店优点最简单的方法是顾客问卷调查。特别是想了解本店的长处时，需要花时间琢磨问卷调查表。顾客问卷调查通常设有"值得您赞扬的地方"一栏，由此可以找到本店的优点。与顾客评论员制度一样，由于光顾本店的众多顾客都是对象，所以能听到较为广泛的意见。

●将问卷调查结果张贴在店铺内

对于"值得您赞扬的地方"，顾客多会谈及店员的待客态度。"〇〇员工一直微笑，让人感觉很舒服""〇〇员工很亲切"等。这些对员工的赞扬之辞可以张贴在店铺后台，这有助于激发员工的积极性。经常受表扬的员工也是店铺之宝。这可以推广到其他分店进行模仿。可以让经常受表扬的员工在早会和会议上就待客方法和想法发言，以提高店铺整体的

待客水平。

　　此外，设置有关备货和陈列等的项目，倾听顾客的想法或者觉得好的地方。这样会得到很多自己未曾注意到的意见，也可以了解顾客眼中的备货和店铺建设状况。

　　顾客既是严格的调查者，也是值得信赖的忠告者。调查可以提示自己未曾注意到的长处。顾客问卷调查的项目的设定注意要以了解本店的长处为目的。

了解本店优点的顾客问卷调查

年　月　日

【顾客问卷调查】

真诚感谢您今天惠顾本店。为向顾客提供更好的服务实施问卷调查。本调查为匿名，恳请配合。

■客户信息
　①居住地址：（　　　　　　　　　）例：港区赤坂
　②性别：　女性　男性
　③年龄：10～19岁　20～29岁　30～39岁　40～49岁　50～59岁　60～69岁
　　　　　70～79岁　80～89岁

第一次出售商品吗？
①第一次
②在其他店铺出售过。（店铺名：　　　　　　　　　）
　・综合回收店　・珠宝、名品专业回收店
　・当铺　・其他（　　　　　　　　　）

店铺的氛围如何？（可选择多个答案）
①入店无抵触情绪　②明亮　③黑暗　④狭小　⑤不安心
⑥与设想的氛围不同（具体而言：　　　　　　　　）
⑦其他（　　　　　　　　　）

■员工的应对如何？
①非常好　②好　③一般　④不好　⑤哪个都不是
※选择④的请写下应改善的地方
（　　　　　　　　　　　　　　　　　　　　　　　　　　　　　　　　）

■服务如何？
①非常好　②好　③一般　④不好　⑤哪个都不是
※选择④的请写下应改善的地方
（　　　　　　　　　　　　　　　　　　　　　　　　　　　　　　　　）

■请写下您觉得店铺做得好的地方！例："家电便宜！"

※感谢您的配合。期待您下次再度光临。

第 **9** 章

▼
▼
▼

餐饮业的竞争店调查

9-1 | 餐饮店的营业额预测

●预测竞争店的营业额

餐饮业和服务业的竞争店调查，与零售业是一样的，都从营业额预测和地区排名的确认开始。

某咖啡连锁店的老板每天进行的竞争店调查是"清点同一时间段的顾客数量"。在相同时间，让工作人员清点竞争店的顾客数量，以确认每天竞争是"胜了"还是"败了"。这是具有强烈的竞争意识。我觉得，每天都有盈亏的行业需要这样的竞争意识。

关于餐饮店的营业额预测，比较简单的是清点店铺的座席，预测营业高峰时间段和空闲时间段的顾客数量，计算周转率。

通过"营业额=满座时的顾客数量×每天的周转率×顾客消费单价"可计算出大概的营业额。此外，通过最佳日销售额×兴旺店指数（超级兴旺店220、兴旺店180、平均店150、业绩不佳店120），以及MS×商圈人口×份额，也可预测营业额。请比较竞争店的预测营业额和本店的营业额，确认地区排名。

●清点竞争店高峰时间段的顾客数量

关于直接竞争的店铺，为了确认每天销售额的变化，应尽可能每天清点一定时间段内的顾客数量。如之前提到的咖啡连锁店的老板那样，确认每天顾客数量的变化，这样就能比较容易地判断"胜败"。特别要确认高峰时间段和空闲时间段的顾客数量。有时实在很难在高峰时间段调查竞争店，但决定营业胜败的关键是高峰时间段。中午的话就是 12~13 点，晚上的话就是 19~21 点，这些时间段内的顾客数量决定了胜败。如果难以进入店铺调查顾客数，可以在店铺外清点进入、走出店铺的顾客数量，以此推测顾客数。餐饮店每天的顾客数决定了胜败，如果有每天记录竞争店和本店顾客数变化的决心，就能成为地区第一。"哪怕多一位也好"，吸引更多顾客的竞争心态是创建兴旺店的第一步。

9-2 菜单规划调查

●调查价格和菜品的关系

餐饮店调查中重要的是菜单调查。菜单调查主要是菜单的种类和价格的相关关系。特别是菜单规划调查，应使用"价格、菜品表"，确认竞争店有多少菜品、价格区间以什么为主等。调查需要进入店铺检查菜单，并记录在表格中。价格因餐饮店不同而不同，如下表所示，100 日元、140 日元、180 日元、220 日元、300 日元、400 日元……一般以 1.3 倍分段设定。

然后根据调查结果以曲线图绘制价格和菜品的比率，这样就能显示出以中心价格区间为顶点的价格分布图。关于价格分布，如果希望顾客觉得本店比竞争店便宜，就要往左推移。相反，如果本店比竞争店强，那么可以采用和竞争店一样的价格分布，或者可以往右推移。

●让顾客觉得便宜的战略

本店开设得比竞争店晚，地点也不好时，应将价格区间往左推移（低单价），以吸引顾客为目标。如果想以资本和品牌制胜，那么价格区间可与竞争店一样，或者往右推移（高单价），以提高顾客单价为目标。回转寿司连锁店等难以在价格上拉开差距的店铺则以比竞争店看起来量多的价格策略，营造廉价感来一分高下。面向大众的餐饮店，与竞争店拉开差距的要因是菜单的价格构成有"廉价感"。通过分析差异化关键点的菜单价格和品种，营造视觉价格差异。

此外，根据菜单分析平均顾客单价。寿司的话，成年男子、女子吃几盘；小酒馆的话，可以通过 1 杯啤酒+主菜单的点单数量预测平均顾客单价。也可以通过平均单价＝中心价格×6（平均点单数量）计算。平均顾客单价的高低也形成了店铺廉价感的不同。

调查菜单、分析价格

●小酒馆　食品调查的例子

			100日元	140日元	180日元	220日元	300日元	400日元	500日元	670日元	800日元	1000日元	1400日元	合计数量
A店	数量		2	7	1	33	53	1			1	1	1	100
	构成比		2.0%	7.0%	1.0%	33.0%	53.0%	1.0%			1.0%	1.0%	1.0%	
B店	数量				3		9	24	4	1		3		44
	构成比				6.8%		20.5%	54.5%	9.1%	2.3%		6.8%		
C店	数量		2	7	14	22	26	1	1					73
	构成比		2.7%	9.6%	19.2%	30.1%	35.6%	1.4%	1.4%					

●价格分布

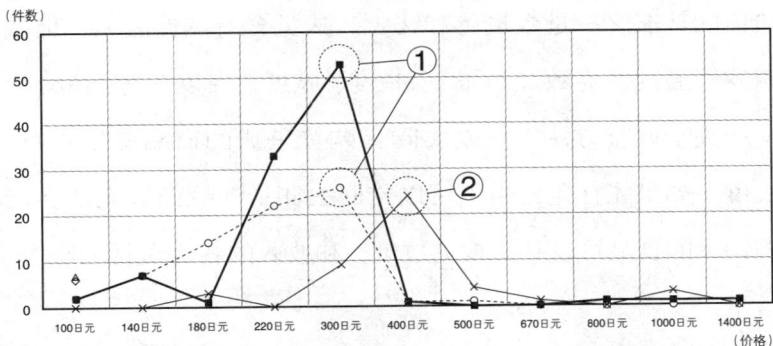

①A店和C店的中心价格区间是300日元。
②B店的中心价格区间是400日元，预算设定较高。但是价格区间和品种数量搭配比较好。

9-3 | 商品力（数量）调查

●调查数量

餐饮店的商品力调查就是视觉数量调查。通过调查数量，确定价格与价值是否相符。餐饮食品看似价格便宜，但如果换算成每克单位价格，就不那么便宜了，这种情况很多。餐饮店的商品调查中，如果数量、味道和价格相当，那么可以说价值相抵。

商品的价值表示为价值／价格。只有当顾客认为商品具有超过价格的价值时，才会认同价格的设定。判断餐饮店菜品价值的基准之一是数量感和味觉。味觉含有感性因素，但数量感则通过"克数（重量）、长度、宽度、厚度"等测量。

关于调查方法，可以实际订购竞争店的商品测量重量、长度。如果能打包，当然可以带回去测量。拉面等无法在店内调查的食品可以计算视觉数量，和放入的各类食材的种类、数量。

●判断时不仅看价格，还要看数量

本店在调查某小酒馆连锁店的烤鸡肉串时，发现菜品比附近的小酒馆便宜 10% 左右。菜单、价格调查中，竞争店明显便宜。一看数量，也比附近的小酒馆少 10% 左右。相比之下，不仅没有视觉上的数量感，也没有餐后的饱腹感。于是，本店采取了数量比附近的竞争店多 30% 的价格策略。最廉价的店铺很快关门了，本店价格虽高，但数量充足（量感），所以成了地区兴旺店。

餐饮店兴旺的关键不仅仅是价格，还有数量。如果仅从价格予以判断，有时会在价格策略上失败。所以，根据商品的数量、味道等综合判断，然后决定价格很重要。

9-4 餐饮店的店头调查

●调查店头和店内

最近，对餐饮店而言，重要的不仅仅是价格和商品力，还有店铺的氛围和布局。因此，也需要调查决定店铺氛围的店铺门面魅力，如决定入店与否的关键要素——店铺招牌等。特别是①招牌，②入口，③价格、菜单，④样品陈列，⑤包间和柜台座席、餐桌的比率，⑥实际演示功能，⑦菜品销售（打包商品）的有无等。

店内的氛围因行业不同而不同。正式餐饮系的意大利餐厅和法国餐厅注重的是高级感，休闲餐饮系的家庭餐馆和小酒馆等则注重热闹和安心感。调查时需要关注店铺氛围是否与顾客需求相符。店头调查应尽量关注视觉效果。外观和门面可以以插图的方式记录，店内的氛围方面主要确认照明和色彩等。

在店内手绘布局，之后画图留存资料。运用店头检查表综合判断店铺氛围，并与自己店铺相比较，然后就自己店铺的不足之处研讨对策。

●通过营造氛围制胜

某小酒馆连锁店以店铺调查为基础，打算重新改造店铺。

例如，包间比竞争店少时，就增加⑤包间，添加⑥有效果的实际演示功能，有意识地增设⑦菜品销售（打包商品）。调查店铺是否醒目，是否具备高级感、热闹、安心感等。

　　此外，作为餐饮店的重要揽客要素的招牌和店头菜单的设置等，也与招牌制作公司商谈后重新制作。最近经常见到拍摄主力单品的照片以吸引顾客，增设比竞争店更多的旗帜等措施，这些店头魅力的强化与招揽顾客直接相关。在店头附设店内氛围的照片也很有效。菜单和主力商品的推出等，做得比竞争店更醒目。

店头调查的检查项目

	项目	满分	得分
1	店名清晰	5	
2	远远就能看清招牌和字号帘（存在感）	5	
3	从门面就能看出与其他店铺的不同	5	
4	能看到店内的氛围，入口处的设计让人易于进入（安心感）	5	
5	在店头就能明白菜品的预算（安心感）	5	
	店头合计	25	
6	店内、顾客专用厕所清洁，卫生做得到位	5	
7	店内照明好，容易体会到热闹感	5	
8	店内闻起来很香，能听到做菜的声音	5	
9	从顾客席位就能感受到敞开式厨房的烹饪实景（油炸食物时的咝咝声）	5	
10	无隔断，看得到顾客的脸，有热闹感	5	
	店内合计	25	

要点 在店铺调查中比较店铺有无存在感、安心感、高级感。

9-5 | 料理类别调查

●调查类别

小酒馆、家庭餐馆等菜品类别较多的店铺，需要调查哪个类别的菜品最多。类别就相当于零售业的部门。数量最多的类别是竞争店最着力强化的部门。如果仅调查商品和价格，而不看各类别的话，就不可能明白竞争店的价格政策。

例如，在调查"乌冬面、荞麦面"连锁店的菜单时，类别可以分为：①乌冬面单品，②荞麦面单品，③扁面条单品，④炖煮食品，⑤套餐，⑥盖浇饭，⑦单品料理，⑧饭、汤，⑨甜点，⑩其他等。从占比来看，②单品为 24%，最多，价格在 800 日元以下。从这点来看，便宜感是由单品食物营造的。但是"乌冬面、荞麦面"连锁店的盈亏与否在于中午的套餐。⑤套餐的占比为 22%，第二多，价格在 800～1400 日元之间。

●强力推出主力商品

按类别分析竞争店菜单发现其主力商品的价格区间为 800～1400 日元。在依靠整体价格和菜品构成营造廉价感的同时，必须重视的是"主要类别的商品数量和价格战略"。"乌冬面、荞麦面"连锁店的主力商品⑤套餐，竞争店有 19 种。

本店想比竞争店的套餐更全，所以准备了 1.3 倍的 24 种套餐，采取了与竞争店拉开差距的战略。主力商品的价格也比竞争店降低 1 级。结果，套餐回头客的比率超过了竞争店的顾客数量。菜单构成的分析应组合菜品、价格调查和变化调查，这样就能拉开明显差距。此外，如果想在酒水饮料上拉开差距，饮料、鸡尾酒、日本酒、烧酒、葡萄酒、啤酒、洋酒（威士忌、波本威士忌）等种类中，数量最多的那部分商品，会构成店铺的特征。

●乌冬面、荞麦面连锁店的分类、菜单调查的一部分

价格（日元）	数量	构成比	乌冬面单品 商品名	价格（日元）	乌冬面套餐 商品名	价格	荞麦面单品 商品名	价格（日元）	套餐 商品名	价格
500	1	3%	手拉蒸笼乌冬面（1份）	630						
670	1	3%					蒸笼荞麦面（1份）	756		
800	10	25%	手拉蒸笼乌冬面（2份）	892						
			民艺什锦汤面	934						
			长崎什锦汤面	997						
			辣什锦汤面	997						
			民芸乌冬炒面	997						
			黑醋酸辣汤乌冬面	997						
			炒酱面、肉味增乌冬面	997						
			日式浇汁乌冬面	997						
			肉乌冬面	997						
			民艺什锦乌冬面	997						
	24	60%	天蒸笼乌冬面		长崎什锦汤面套餐		蒸笼荞麦面		味增汤套餐（单品）	
			小锅天妇罗乌冬面		黑醋酸辣汤乌冬面套餐		咖喱蒸荞麦面		煮鱼套餐（单品）	
			菌菇野菜味增炖乌冬面		天妇罗乌冬面套餐		菌菇蒸荞麦面		天妇罗套餐（单品）	
			民艺咖喱乌冬面				鸭蒸笼荞麦面			
			四川担担面				西红柿彩色荞麦面			
			海鲜乌冬面				豆腐皮荞麦面			
			海鲜乌冬炒面				天蒸笼荞麦面			
			手拉蒸笼乌冬面（3份）				西红柿荞麦面			
			鱼翅汤乌冬面				蒸笼荞麦面(3份)			
	4	10%							味增汤套餐（含蒸蛋）	
									民艺套餐（雅系列）	
									煮鱼套餐（含蒸蛋）	
									天妇罗套餐（含蒸蛋）	

9-6 | 品种数量原理

●思考备货的构成

前一章也有所谈及。在思考餐饮店的菜单构成时，也应考虑品种数量原理和备货原理。所谓品种数量原理是指 3、5、7、30、50、70。

请参阅 275 页的表。在考虑种类备货时，作为一个种类，最少的数量为 3。特别想强化的商品，从种类来看，需要有 5~7 个以上。作为主力商品，应有 30 个以上。从总商品数量来看，专业店最少应有 30 个，备货比较多的店铺为 50 个左右。如果超过 70 个，那么作为专业店就会难以应付，此时需要成立"综合店"。

例如，从酒的目录来看，葡萄酒专卖店的商品数量超过 70 个。我公司附近的白酒专卖店同样也有 70 种。有了这些数量的商品，就会让人感到"好多啊"。

●制订给人强烈冲击感的菜单

使用品种数量原理，就能让顾客感到"商品真多啊"。即顾客会感到"与其他店有所不同"。

基准数字为 7、30、70。以品种数量原理为基础，分析本店应设置哪个种类为主力部门，竞争店的主力部门又是哪个。

如此制订餐饮菜单，会比较有效。

如果本店想成为葡萄酒专卖店，而且想和同行拉开显著差距，成为商品齐全的店铺，那么就需要确保品种数在 70 以上。此外，如果数量过多，则不能维持专卖店经营，必须发展为商品数量大于 70 的综合店。理解了这点，就可推进种类的重组和菜单的整编。

品种数量原理（作为设定菜单数量的参考）

品种数量	作为种类能成立的数量	总商品数量 作为专卖店能成立的数量
3	最低数量	
5	标准数量	
7	备货丰富	
30	主力商品	专卖店成立的最低线
50		备货丰富
70		专卖店→综合店的备货

● 根据品种数量原理确定想强化的商品数量（以小酒馆为例）

商品名称	商品数量	定位
甜点	3	最低数量
烤鸡肉串	30	主力商品
炸串儿	15	备货丰富
总商品数量	130	综合店

要点 理解品种数量原理，分析竞争店的商品数量，搞清主力商品等各商品的定位。

9-7 顾客对员工印象的待客调查

●检查员工、服务

餐饮店的待客调查主要是检查员工的清洁感和顾客对员工的印象。从点菜到上菜为止的时间（服务时间）也是差异化的重要因素。

从判断应对能力的角度来讲，服务时间也要定期检查。

278 页的表是待客调查的检查表。首先，作为基本待客事项有以下 8 项。

①大声说出"欢迎光临"，并笑脸相迎是基本中的基本。

③制服清洁感是餐饮业待客的最基本要求。在拉面馆，经常会碰到穿着有点脏的烹饪衣的店员前来点单。这点尤其难以被主妇接受。

⑮也和③一样，是衡量清洁感的重要项目。④⑦⑩⑫等的应对，要直接让店员加以观察，然后给其回应时间和态度打分。各数值的合计不满总分的 60% 时，可以认为该店没有认真进行待客培训。

●检查员工的应对能力

通过分析待客的检查项目，就能判断店铺员工的培训水平和应对能力。从点菜到上菜为止的时间调查也被同样用来判断店铺的应对能力。

作为时间基准，快餐店是 30 秒，小酒馆的饮料是 3~5 分钟，家庭餐馆是 7 分钟以内，高级餐馆是 10 分钟以内，这些是最低上菜时间。如果等待时间超过以上标准，那么可以判断该店铺的应对能力较低，店员的工作积极性不够。

为了提高店铺的待客水平，应在检查表上打分，并和竞争店的待客水平相比较。为了比竞争店提供更好的服务，应该怎么做？这可以通过在检查表上的评价进行判断。

员工印象调查

项目		检查项目	满分	得分
从入店至入座	①	顾客光顾时，是否以与店铺氛围相符的、适当的声音，并面带笑容地说"欢迎光临"	5	
	②	顾客进入店铺后，是否立即采取了某种应对，没有让顾客等待	5	
	③	迎客的从业人员的制服是否干净、仪表是否整洁	5	
	④	是否同步向客人打招呼，"这边的座席您看可以吗？"	5	
	⑤	如果客人带有行李，有没有考虑对行李的安排（行李的存放场所等）	5	
	⑥	入座时是否向顾客提供具有适当温度的毛巾	5	
点菜	⑦	快速点单时，有没有介绍本店的特色料理、当季的特色料理	5	
	⑧	能用自己的话说明料理吗	5	
	⑨	是否一直站在顾客能看到的位置，让顾客感觉易于点菜	5	
	⑩	没有点菜错误，重复顾客所点的料理	5	
上菜	⑪	上菜等待的时间是否过长	5	
	⑫	是否向顾客说"让您久等了""菜上齐了""请您慢用"三句话	5	
	⑬	上菜时是否报菜名（料理的说明）	5	
	⑭	是否热菜上热的、冰鲜的上冰的	5	
	⑮	餐具的拿法和处理是否恭敬	5	
用餐服务	⑯	接待客人时，是否微笑着看着客人的眼睛，接待是否让人感觉宾至如归	5	
	⑰	动作是否没有拖拉，敏捷利落	5	
	⑱	措辞是否正确	5	
	⑲	店员是否无交头接耳现象，一直关注着客人	5	
	⑳	被顾客叫到后，是否立即有礼貌地应对	5	
从结账至店外	㉑	结账是否流畅，不让顾客等待	5	
	㉒	是否跟顾客说或提供吸引顾客下次光临的促销物品	5	
	㉓	是否微笑着说"回家注意安全""期待您的下次光临"等	5	
	㉔	是否送别顾客，直到顾客离开	5	
合　计			120	

9-8 | 菜单检查表

● 检查菜单

与判断菜单的菜品状况和主力品种的价格对策同样重要的是检查菜单。一本好的菜单与好的卖场一样，能让人兴致盎然地选择商品。是否附有主力商品和当季主推商品的照片等，菜单的好坏会直接影响销售额。

在调查竞争店的备货、商品力之后，查看下主力单品和最畅销商品是否在菜单中有所体现。关于菜单的检查表，请参考下 281 页的表。

①如果菜单中列出了主力类别的商品，那么检查该类别的商品数量，并且看下是否附有照片，让顾客清晰易懂。

②所谓预算明了的菜单，是指让人一看就能明白每人的平均单价，什锦拼盘、套餐的价格、啤酒等人气单品的价格表述清晰。

③和④是对本店最有人气的菜品、主推菜品是否表述合理打分。

⑤○○产、○○使用等，是否有表述商品价值的附加评论，商品物超所值感是否被清晰地传达。

⑥～⑧是一边看一边检查与其他店铺的不同、提高顾客

单价的套餐的表述方法等。

●通过菜单了解菜品推出方法

最终制作而成的菜单会在整体上影响销售额，因此需要把握各店菜单主推哪些商品。特别是要检查以品种数量原理调查的商品的定位和菜单的主推商品是否相符。餐饮店的菜单就如同零售业的卖场，需仔细调查。这点请务必理解。

菜单检查项目

	项 目	满分	得分
①	菜单列出了主力类别的商品（概念）	5	
②	预算明了的菜单	5	
③	通过菜单能明白最有人气的商品	5	
④	通过菜单能明白店铺的侧重点	5	
⑤	菜单表述了商品的物超所值感	5	
⑥	菜单给顾客菜品丰富的感觉	5	
⑦	一眼就能明白和其他店铺的不同	5	
⑧	提高顾客单价的菜单	5	
	合计	40	

要点

菜单的要点是设有主推菜品栏。

可以看出菜单的构成与品种数量原理的主力商品的关联性。列有着力推出的商品的菜单是份好菜单（畅销目录）。

9-9 | 比较相同名称的菜单

●检查基本菜品

餐饮业的菜单中有时会列有和竞争店同样名称的料理。虽然菜单的名称完全一样，如谁都听过的"每日套餐""赞岐套餐"等，但实际提供的菜品，店铺间的差异非常大。

比较商品就是要直接比较这些相同名称的料理。在"乌冬面、荞麦面"的商品比较中，我们发现 A 店的商品包括①色拉、②荞麦面、③米饭、④肉丸、⑤炸什锦、⑥鸭腿、⑦芝麻调味汁、⑧豆腐拌菜、⑨荞麦蛋糕、⑩咖啡等，套餐价格为 1800 日元。而相同名称的 B 店则包括①荞麦面、②米饭、③炸什锦、④拌焯青菜、⑤腌渍品，套餐价格为 1100 日元。可见，即便是相同名称的料理，其价格和商品构成也存在很大的差异。

关于主力种类中与竞争店重名的商品，需要进行商品比较，搞清料理的材料，分析价格和商品内容。

●保持平衡，与其他店铺拉开差距

调查完商品内容和价格后，就要采取措施拉开差距。如果想在价格上胜出竞争店，就要减少商品内容，设定合适的价格。与此相反，如果想在顾客单价上高过竞争店，就要将商品做豪华，提高价格。保持价格诉求和数量诉求的平衡，与其他店铺拉开差距。

商品的外观也很重要，所以，如果可以，记住在竞争店点的菜品，并以插图的方式记录下来，以进行视觉确认，这点很重要。此外，一定要附上调查员的评论。如有这样的一份关于上述 A 店的评论，"A 店的荞麦面套餐从色拉开始分四步提供，所以能一直吃到刚出锅的料理"，这份评论记录了店铺经营上的侧重点。

不单是商品内容比较，更重要的是记录下所感所想以供共享。

9-10 餐饮业兴旺的关键是"物超所值感"和"咝咝感"(刚出锅感)

●营造"物超所值感"和"咝咝感"

餐饮业兴旺的关键是"物超所值感"和"咝咝感"。最后要制作竞争店和本店的位置图。纵轴是"物超所值感",横轴是"咝咝感"。

所谓"咝咝感"是指料理刚刚出锅的新鲜感。以 287 页的检查表为基础,判断"物超所值感"和"咝咝感"的位置。①价格划算感可从"商品力调查"中得到启发。②精选食材可从"菜单调查"和"店头调查"判断。③色彩感和④量感可从"商品比较调查"判断。

关于①～④的"物超所值感",可以通过整体氛围、商品的美观、卖场的布局等进行综合判断。

●"咝咝感"的概念

⑤商品是否趁热提供可通过"待客力调查"的上菜时间和服务时间判断。⑥味道可以通过品尝加以判断,当然这时多位调查员一同调查比较好。因为味道的判断各有不同,所以理想状况是汇总 10 位以上调查员的感想。除了⑦与其他店铺的不同之处外,需要在"店头调查"中好好检查卖场是否有产地直送的标识。⑧餐具的选择等属于整体氛围的营造。

"物超所值感"和"咝咝感"的理想位置应在较高处，这样才能打造兴旺店铺。餐饮业的"物超所值感"和"咝咝感"的提高是打造兴旺店铺的第一步。

　　"咝咝感"是餐饮店的一项重要调查。应调查有没有货真价实感和划算感、是否感到比实际价格便宜等。希望能以地区第一为目标，营造店铺的"物超所值感"和"咝咝感"。

"物超所值感"和"咝咝感"检查表

	项目	满分	得分
1	感到商品划算（划算感）	5	
2	精选食材（货真价实感）	5	
3	彩色鲜艳、装盘有创意（色彩感）	5	
4	有视觉上的量感	5	
	物超所值感 合计	20	
5	商品趁热提供（"咝咝感"）	5	
6	味道好	5	
7	商品与其他店铺明显不同	5	
8	餐具选择考究	5	
	咝咝感 合计	20	

要点

"咝咝感"是店铺兴旺的关键，所以这项调查特别重要。
判断店铺是否让顾客感到货真价实、划算，价格/价值方面是否设置合理。
就分数高的店铺的"咝咝感"展开讨论。

第 **10** 章

▼
▼
▼

将竞争店调查活用于经营

10-1 | 制订行动计划

●付诸行动

以上详述了各种竞争店调查方法。然而，即使好不容易对竞争店和示范店展开了调查，如果不将从竞争店学到的东西运用在店铺现场，找到应该改善的地方并付诸行动，即不制订行动计划的话也不能活用竞争店调查。

制订好的行动计划的第一步是好好分析调查内容。首先，在公司内公开调查结果。调查结果明示了本店和竞争店的现状。在了解了这些事实的基础上仔细讨论所思所感。

关于公开调查内容，很多店铺和公司都做得不够。当然，也会因调查内容而有所差异。但应尽量与更多的人共享现状认识，这点很重要。因为如果不了解现状，容易对改革和改善有质疑。

●根据实际情况制订改善计划

某服装厂商每月1次派企划负责人前往涩谷考察。观察大街上来来往往的年轻人的打扮和携带物品，然后将感想汇总成报告，发放给各企划负责人。但是，将新计划落实在销售和卖场的速度偏慢，所以很难有畅销品。

但是后来厂商每月一次在店长会议和员工会议上积极展

示企划负责人的调查结果，业绩由此逐渐攀升。这是因为销售和卖场负责人理解了基于事实基础的行动计划，并付诸实践。

企业会进行各种调查。但是，调查本身成了目的，很少有企业在公司内公开调查内容，并将问题点公开。更不用说将调查结果落实在改善行动计划中。

以调查事实为基础的改善计划本身就是一种对于付诸行动的自信。

●调查要点比较

		○△店	△△店	○○中心
入口	招牌	距店铺300米附近可以看到。稍稍有点难以辨认。	在主干道路一侧，招牌很大。地处转角处，100米前可以确认。	道路深处，没有招牌。如果不仔细找，会看不到。
	停车场停车数量	大约可以停20辆车。停车位窄，难以停车。	大约可以停40辆车。停车位宽，停车容易。	大约可以停8辆车。停车位没有边线，停车难。
门面	正面	以绿色为基调，视觉明亮。	蓝色和黄色，感觉明亮。	灰暗，让人怀疑是否营业。
店内	买进柜台	干净、安心。	有专用买进柜台。店员一边进行修理作业一边现场应对。	买进柜台和销售柜台是同一个。周围乱堆东西，后方有水龙头。污渍明显。
	作业空间	设置在收银处后方。不到2米的作业台散乱堆放着货品。检定和商品加工同时进行。	设置在柜台和后方。一边在买进柜台上修理一边接待顾客，所以顾客的商品难以操作。	在柜台处理，所以会影响买进商品。
	休息空间	无。	无。	无。
	POP、宣传单	基本没有。宣传单位于收银处。	有废旧品、POP的颜色说明，有请出售、上门回收的介绍、回收品购入的说明等。宣传单位于收银处。	无POP。宣传单位于入口附近。
	卖场表示	有服装、赠品等的表示。有服装大小标识、家电质保等的说明。	软件、乐器、音响、废旧品等部门均有标识。	无。卖场的分区很模糊，陈列有问题。
从业人员	从业人员数	男性1名（20多岁）、女性1名（20多岁）。	男性2名（30多岁、40多岁）、女性1名（20多岁）。	男性1名（40多岁）、女性1名（40多岁）。
	待客态度	待客有礼貌，使用"欢迎光临""谢谢"等基本用语。	机械地、按照手册待客，让人感觉冷淡。	女性是"邻家阿姨"的感觉。亲近感，但待客略显不同。男性主要搬运商品。
	核定基准	以连锁店的审核手册为基准。但是，名品的基准比较含糊。	电脑中载有数据。按型号、年代等检查。	凭感觉核定。没有操作手册等。男性店员负责家电。女性店员负责其他。
	核定时间	约25分钟。稍稍花时间，但基本合格。	无须等待。	无须等待。
	有无记入文件	有。	无。	无。
	文件记入项目	姓名、住址、电话、驾驶证。	无。	无。
	商品的确认	无。	无。	无。
	核定等待时间提示	提示"约30分钟左右"后，回答。	无。	无。
	传唤方式	虽然给了号码，但叫名字。	无。	称呼"客户"。
	核定额的提示	有。口头说明、出示审核受理表。	有。口头传达。	有。只是不会逐一报价。
	核定基准的说明	无。出示文件，以核定表为依据。	有。根据型号和年代决定。	有。只是标准含糊。
	POS活用	无。	有。在电脑中输入型号和年代等确认。	无。
	结束	帮助搬运电视机到车上，对此说"谢谢"。没有什么不好的感觉。	没有说声"谢谢"。	帮助搬运电视机。如同在家的感觉。

●竞争店调查

●竞争店价格区间

价格	
1200日元	
1000日元	△
900日元	○
800日元	◎
700日元	
600日元	△
500日元	
300日元	

●本店价格区间

价格	
2000日元	
1800日元	
1500日元	
1300日元	△
1000日元	○
800日元	◎
500日元	○
300日元	△

根据竞争店的价格区间，决定本店的价格战略。
下限价格比竞争店低300日元，上限为1300日元，让顾客感到价格区间低。

要点 将调查要点汇总在一栏，进行探讨。根据价格调查决定本店的价格区间。

10-2 调查的分析方法

●根据分析思考本店

竞争店调查结束后进行分析。不要将分析想得太难，只需逐项比较调查结果。

通过比较，可以看出竞争店的优点和缺点。调查几家竞争店后，要制作几家竞争店的比较表。

例如，比较店头主力商品的数量。A 店有 10 个、B 店有 12 个、C 店有 8 个。根据这些数字，思考本店应该设置的数量。以差异化数字为依据，推算出各目标数值。如果想成为地区第一，则需要设置 1.3 倍以上。如果想进一步拉开差距，则需设置 1.7 倍。而如果想在短时间内以绝对优势胜出，则需要设置 3 倍以上。

如此，在分析阶段要做的就是推导出各目标值，即任何一项都通过比较决定本店的行动方针。

●共有认识

分析中重要的是搞清哪家店铺好，或者哪个部分做得好。制作比较表格后要汇总各个项目做得好的地方。此外，要给调查对象定位，主观上也是可以的。

这时，尽量听取多人意见比较好。以"觉得 A 店最好的人有好几位，所以将 A 店定为第一"的简单汇总方式也可以。

因为一个人的定位往往过于主观。而且，其实听取多人意见还能发现未曾注意到的地方。然后公开调查结果，整个团队以通过调查设定的行动计划和数值目标为方向，一起努力。

制作、公布竞争店的调查分析、比较表能有效统一认识。

通过比较商讨对策

●回收店的待客比较

买入调查商品		A店	B店	C店	D店	F店	E店
店员数量(买进柜台)		2名	3名	5名	1名	1名	1名
担当店员		女性	男性	女性	女性	男性	男性
服装、名片		西服 无名片	休闲服 有名片	制服 有名片	制服 有名片	休闲服 无名片	制服 有名片
待客态度	综合	负责人的应对挺好，另外1名店员在店内作业。	措辞礼貌。应对有点机械，似乎不愿交谈。	不知道是不是因为营业结束前的时间段有点忙，只是简单说明了下。	始终微笑、准确回答提问。与顾客积极交谈。	草率回答提问。似乎对顾客不太上心。	有椅子和沙发。等待核定时有休闲空间。但是与前来购买眼镜的顾客在同一区域，感到不自在。
	表情	○	△	△	○	△	○
	措辞	○	○	○	○	△	○
	应对	○	△	△	◎	△	○
核定时间		4分钟	10分钟	25分钟	13分钟	3分钟	25分钟
其他的注意点		无	无	无	出示了公司独自研发的价格表	无	提供名片
买进价格的明示方法		仅口头说明	依据发票说明	依据发票说明	依据发票说明	仅口头说明	依据发票说明

待客能力较高的是D店。关于买进价格，不仅能够逐一认真说明，而且注意交流，能和顾客谈论与购买没有关系的话题。
其他的5家店铺几乎都只涉及与买进金额有关的事项。作为本店，要通过强化服务获得顾客的青睐。

●竞争店黄金珠宝买进价格一览

(日元)

买入调查商品	重量(g)	A店	B店	C店	D店	E店	F店
① 18K 项链	17.0	46000	39000	160	22814	75000	27170
② 18K 手镯	7.8			100	10467		
③ 18K 喜平项链	8.2			11900	11004		8932
④ 18K 带吊坠项链	4.3			400	5770		4949
⑤ 18K CELINE耳钉	3.5			200	4697		4876
⑥ 18K WG 项链	2.6			200	2668		2568
⑦ Pt900 戒指	3.4	20000	6900	240	9948		7095
⑧ Pt900耳坠	2.3	9000	–	200	6729	4558	
买进合计	–	75000	45900	13400	74097	约79558	55590

要点 关于调查分析，应先按项目类别将结果汇总在比较清晰的表中，从整理事实开始分析比较容易。

10-3 | 制作行动计划

● 公开行动计划

调查分析结束，如果公司明确了应解决的课题，接下来就要设定行动计划。所谓行动计划是指①谁②什么时候为止③如何实施的行程表。经过调查、分析，即便明确了应采取的措施，如果没有制订、实践行动计划，也不会有什么改变。行动计划表是日程表。特别重要的是"实施改善到什么时候为止"。此外，各负责人应完全理解实施方法。为了落实行动计划，相关成员需要共同理解改善的目的。为了改善，召开调查报告会，就改善点和具体内容让各负责人仔细研讨。然后，向全体成员公开通过调查结果明确的改善点，理解并开始行动。

● 制订改善、实施流程

为了将改善计划付诸实施，需要确定应改善的内容。例如，食品超市为了强化奶酪的备货，进行了调查。调查后发现，无论哪家店铺的东西都差不多。于是，将奶酪的品种增加到地区第一多，还添置了地区少见的商品。同时强化了葡萄酒的配货。将奶酪强化计划付诸实施时，为了便于测定改善结果，设定了销售额、利润、顾客数量等数值目标。

　　各负责人都明白了改善的目的和理由后，接下来要设定行动计划。在行动计划中，由采购负责人拓展供应商，以增加商品。由卖场负责人在规定期限内改变卖场的陈列位置。确定各相关负责人应完成的工作和时间期限，如制作 POP、印刷宣传单推销商品等。然后，制作行动表，在卖场变更完成后，检查销售额和利润是否如计划般发生变化。如果实际未能如计划般增加，那么各负责人应该展开研讨，看看问题出在哪儿，再改善→实施。

制定对策和行动计划表

● 回收店的例子

	分类	竞争状况	强化点	谁	期限
主力商品	家具	本店家具的备货超过竞争店。卖场面积也大，可以进一步强化备货	强化家具的备货，包括市场和新旧商品等的进货。备齐180厘米宽以上的大型家具	家具负责人强化市场进货	下周前订购家具，充实库存
准主力商品	家电	家电备货不如竞争店。特别是数码家电比较少。冰箱、洗衣机等白色家电，以买进商品为主，本店超过竞争店	做得比较好的白色家电的商品数量达到竞争店的1.7倍以上。将平均10台库存提高至20台。数码家电采取提高购买价格的措施	家电负责人	月初强化备货，保证20台库存。购买价格的变化，第二天向员工指示。
其他	服装	服装，无论是备货还是库存都是竞争店的2/3。卖场面积狭小，需要增加库存	为了添置库存，将货架增高。将未出品的商品放置于销售柜台	服装负责人	本月20日前提出变更布局的计划。下个月10日前购入工具，增加库存

要点

根据调查，制定各商品类别的行动计划。一定要记入表中，让谁都能确认。

10-4 养成调查的习惯

● 防止因循守旧

竞争店调查的目的是通过日常调查，建立"以第一为目标"的组织。即如果能做到养成打磨自己店铺的习惯，与全体员工共享目的、问题意识，竞争店调查的目的就已基本达成。此外，零售业和餐饮店必须注意的是"因循守旧"现象。无论怎样的工作，满足现状、不思进取时，衰退就开始了。应建立能敏锐感觉时代变化，并具有不断打磨自己的意识的组织。店铺员工每天的工作陷入陈规旧套，被顾客厌倦的话，销售额马上就会减少。危险的是谁都不会注意到这种因循守旧现象。

在经营现场意识到竞争店和示范店的存在可以防止"因循守旧"现象的发生。如果能通过对竞争店和示范店变化的敏锐感觉，一直持有发展自己店铺和自身的上进心的话，就能成为"不可或缺的店铺""与其他有所不同的独特的店铺"。

● 具备与竞争店作战的意识

与很多经营者交谈后，我发现越是竞争心旺盛的、不服输的社长，越会意识到竞争店的存在。例如，某咖啡连锁店的社长每天都与竞争店比较顾客数量，具有"胜、败"的竞争意识。某大型游戏机连锁店的老板也以一样的方式鼓励现场。飞跃发展的公司和店铺具有与竞争店作战的意识，有关注经营和现场的意识、习惯。

这种与竞争店作战的意识也应该让员工理解。如果能给店铺员工带来某种紧张感，或者以打游戏的感觉培养竞争心，公司自然会得到发展。正在发展的公司将竞争店调查作为提高本店员工工作积极性的手段，并用来培养人才。

10-5 养成关注地区排名的习惯

● 了解本店的排名

为了形成竞争店调查的习惯，更好地发展店铺，需要经常关注自己的店铺。首先，需要了解本店的排名。养成经常思考本店排名的习惯是上进心和竞争心的源泉。

首先，重要的是推算出本店的市场规模，思考本店的份额。某杂志对大型婚纱公司的创业者进行了采访，创业者说："如果有感兴趣的东西，那么不管是什么都要推算其市场规模有多大，有多少商业机会。"即要经常关注市场并用数字表示所了解的市场状况。

● 根据市场规模思考

船井总研每年计算 1 次各种商品、服务市场规模，方法之一是公布市场大小表（MS 表）。这对于计算各种商品、服务在商圈内有多大潜在市场规模，非常有效。

只要是 MS 表内有的商品，无论是哪个地区，都能计算出商圈内的市场规模大小。由于能够根据本店经营商品的销售额，立即判断出市场份额大小，所以对于咨询也非常便利。

根据该表把握市场规模，预测潜在销售额，从份额判断本店在商圈内的排名。商业战略因此也容易设定。

竞争店调查和市场调查中，经营者和企业干部当然要养成"根据市场规模思考""根据排名思考""根据份额思考"的习惯，如果从业人员和一般员工也能做到，就能建立兴旺店。

各大分类（行业）的市场大小

单位：日元

	No.	大分类（业种）	每人消费支出金额		No.	大分类（业种）	每人消费支出金额
零售业、其他	1	化妆品	12570		40	新建建筑	105540
	2	药	21280		41	二手住宅	98640
	3	杂货消耗品	14500		42	二手车	11060
	4	家庭用品	5590			零售业、其他合计	1027355
	5	文具、事务用品	12330	服务业	43	餐饮	107700
	6	玩具	10280		44	娱乐、游戏	9600
	7	书籍	14560		45	弹子机	151410
	8	CD、录像、乐器	5020		46	热水浴设备	9450
	9	钟表	2910		47	美容、美发	14730
	10	眼镜、助听器	6800		48	全身美容	3370
	11	宝石	7090		49	摄影工作室	1720
	12	汽车用品	11290		50	银色商业（以老年人为对象的商业）	55630
	13	体育用品	14640		51	培训班	9170
	14	钓鱼器具	1460		52	家庭教师	300
	15	自行车、摩托车	11895		53	幼儿园	9630
	16	DIY、木工	8430		54	驾驶培训机构	3700
	17	园艺、花	7600		55	文化培训机构	11340
	18	宠物	5550		56	网球学校	450
	19	家电	57380		57	高尔夫球学校	1160
	20	照相机、光学	4090		58	录像、CD租借	2980
	21	家具	12510		59	干洗服务	4035
	22	寝具	6710		60	翻新	33300
	23	室内装饰	5890		61	除白蚁	1870
	24	服装	80430		62	室内清扫	880
	25	和服	1180		63	殡葬业	12750
	26	服饰杂货	4290			服务业合计	445175
	27	手工艺品	1540	医疗	64	接骨（正骨）	2730
	28	手提袋、包	5970		65	整形外科	5580
	29	鞋子	11190		66	小儿科	6410
	30	食品	250510		67	内科	43050
	31	汽油	123810		68	精神科	1950
	32	手机	49920		69	妇产科	6570
	33	墓碑	1550		70	牙医	20140
	34	佛坛、佛具	2160		71	眼科医生	6650
	35	二手CD、书	1530		72	耳鼻科	5340
	36	旧货、再生产品	6590		73	动物医院	3710
	37	工作服	760			医疗合计	102130
	38	报刊销售店	9260			总　计	1574660
	39	榻榻米	1050				

2011年度市场大小表　船井综合研究所

注：这张市场大小表并非网罗了所有行业，甚至有重复刊登的项目，所以零售业合计、服务业合计、
　　总计栏的金额仅供参考。

10-6 养成收集客观数据的习惯

●定期性的效用

收集客观数据的习惯、以客观数据为基础展开分析的习惯都应是在竞争店调查中形成的。很多企业，特别是中小企业往往在没有客观资料和数值目标的状况下采取行动。养成收集客观资料和事实的习惯，能改变一知半解的企业作风。

实际上，我见到很多企业在定期进行竞争店调查后，以调查为基础，就商品和卖场展开讨论，并由此有了明确的目标和意识。定期进行竞争店调查，以调查事实为基础展开讨论，就能形成这样的意识。

某影像租赁店进行了竞争店调查。该店铺以韩剧影像租赁第一为目标，但在数量上输给了本以为已经胜过的竞争店。之后，每月调查韩剧的数量，并反映在备货方面。通过调查明确了数值目标，然后落实到了具体行动上。

●以事实为基础展开讨论

这是我在咨询现场的经验。以事实为基础展开讨论，其说服力是不同的。与我有交往的某企业要开展一项新计划时，有人提出了否定意见。提出否定意见的人只是对提案表示怀疑。很多人认为"做那样的事是徒劳""有什么依据呢"。对于这些人，如果能提供以竞争店调查和市场调查为基础的事实，就会有所改变。然后在分析事实的基础上提出改善方案，就会有赞同意见了。越是一时想起、闪现的想法，越没法让人采取行动。以事实为基础，给全体人员提供思考的场所，这点很重要。为了让组织养成掌握客观事实的习惯，没有比竞争店调查更具效果的了。事实上，越是成长型的企业，其员工越是了解市场分析等各种调查资料。

10-7 感到困惑时就展开调查

●调查是根本

展开竞争店调查，能得到各种启示。我们顾问的工作根本是调查。当接到客户"想了解○○""想建立○○业态"的委托后，即便是自己不太了解的领域，只要进行示范店调查，就能明白该业态的要点。此外，有效提案也产生于调查中。因为通过示范店调查，可以得到商业启示。此外，当自己店铺业绩低迷时，调查其他店铺的做法，从中也能得出解决方法。

从我以往的经验来看，"感到困惑了，进行调查就能解决"的案例有很多。

●感到困惑了，就去考察店铺

经营者或负责人感到"困惑了"，就应该调查竞争店和示范店。视察店铺，明确调查目的后，就能确认自己所做的方向性。单是调查店铺没有任何意义，也不会长久。

某影像租赁店的老板也养成了"困惑了就去考察店铺"的习惯。销售低迷，经营上必须有所决断时，就去考察店铺。有时需要考察 100 家同行店铺，有时需要前往海外寻找示范店。比起一味地陷入烦恼，"考察并有所感" 更能找到答案。

成功的经营者在"烦恼时"就去考察店铺，展开调查。

　　我也建议业务单位的社长"如果有示范店或兴旺店，就要前往考察"。因为，考察这样的店铺一定会得到启示。如果店铺业绩低迷，就策划店铺考察活动吧。因为店长很难有考察远方店铺的机会，所以公司进行策划的话，就能学到很多。将竞争店调查活用于经营的企业就是形成了"困惑了就去考察店铺"习惯的企业。

10-8 拥有竞争对手

● 与竞争对手的良好关系

我觉得"有竞争对手比较好"。因为强有力的竞争对手的存在有助于互相切磋。竞争店调查正是和竞争对手的比较。

如果想通过了解竞争对手的动向比竞争对手领先一步，自然就需要展开竞争店调查。

如果与竞争对手保持良好关系，业界就会发展。如汽车公司丰田和本田、电器行业的松下和索尼，竞争企业越强业界越发展。有一个好的竞争对手，并意识到对方的存在，这有助于自己店铺的发展。

● 具有创建好店铺的积极性

无论哪位经营者，都不可能不注意竞争对手。但是，创建比竞争店更好的店铺的积极性有差异。这种差异也显示在竞争店调查中。

某回收店的 30 多岁的经营者，我作为顾问，为其进行过指导，非常热心学习，也有上进心。他常常以业界第一为目标。总是非常关心附近的同行业者，定期进行卖场视察和调查。附近有业界第一的店铺，他每周都去看有没有新产品。经常视察竞争店，就会形成"还不够，还不够"的意识，然后稳步改善店铺。

　　经营者的意识也各有不同。意识低的经营者即便视察了竞争店，也说"我的店铺没法模仿"，而不想了解同行。当然，业绩也有明显差异。上述回收店经营者的店铺顺利提高了业绩，而经营者意识低的店铺则止步不前。竞争店调查就是为了提高经营意识。即便数次前往同一店铺考察，只要意识高，感想就会很多。如果想进一步发展店铺和公司，就必须拥有竞争对手，并经常意识到竞争对手的存在。

10-9 | 创建有魅力的店铺

●没有空陷入消沉

有社长因为和竞争店的比较而丧失自信。但是，竞争店调查不仅仅是比较，而是为了找到能成为第一的场所和商品。对零售业而言，竞争店调查的目的之一是"创建有魅力的店铺"。为了创建有魅力的店铺，要尽可能拥有多的"第一商品"，不断打造店铺。如何突出本店的1号主力商品？为此需要综合评价竞争店的商品数、品种数、陈列等，然后采取对策。1号商品是招揽顾客的重点、收益支柱，也是店铺的一切。为了打造"那家店铺有那个商品，所以去买"的商品，需要做各种努力。竞争店调查是为了努力找到本店的第一，"创建有魅力的店铺"。因为没有空陷入消沉。

●打造第一商品

拥有第一商品的店铺和没有的店铺在招揽顾客方面存在很大的差异。例如，通过主题公园的调查发现，兴旺店里有大家熟知的1号商品。第一主题公园是迪士尼公园。迪士尼公园的1号商品是只有在迪士尼公园才能有的体验。还有，记录下迪士尼回忆的人物图案商品。

同样是主题公园，地方上有牧场型和园艺农场型。在这些农场中培育"香肠""布丁""奶油泡芙"等 1 号商品的是兴旺店。

通过对某人气主题公园调查可知，地方主题公园的 1 号商品是在调查地区性和竞争状况后周密计划的。如果商圈内没有产地制造的香肠，就以香肠一类为主。相反，如果已经有产地制造的香肠，就以"奶油泡芙"等甜点为 1 号商品。不要忘记竞争店和商圈调查是为了打造地区 1 号商品、名产品，应满怀打造 1 号商品的热情去实施，这样的经营环境很重要。

10-10 | 持有 7 分保守、3 分革新的变化意识

●感受时代的变化

零售店在时代潮流的冲击下保持兴盛的关键是"不让顾客厌烦"。经营也被称作应对变化的工作。顺应时代的变化改变自己是经营者的工作,是打造不衰企业的根本。

但是,顺应时代变化改变自己是很难的。相反,如果错误地理解了时代的变化,顾客会远离。为了敏锐觉察时代变化,收集信息非常重要。重要的是通过现场读取的一次信息,而不是报刊杂志报导的二手信息。为了将现场信息、现场变化迅速反映在经营中,也需要进行竞争店调查和示范店调查。

持续繁荣的店铺和企业都会定期革新。这样的企业一直持有危机感、保持变化。不断变化的店铺和企业每年都有新的举措。只是,每年大幅革新会导致资金问题。所以,持续变化的店铺和企业一般会革新整体的 30% 。

●从平日生活中发现变化的萌芽

例如,便利店的商品上架和构成每月改变整体的近 3 成。通过将滞销的 30% 更新为新商品而保持活力。如果大幅改变30% 以上的商品构成,就会成为完全不同的店铺。变化不能太过,不改变到让顾客感到新鲜的程度就不能留住客源。为

了成功地进行店铺革新，需要经营者带头持有 7 分保守、3 分革新的变化意识。为此，需要对其他店铺将采取怎样的革新保持关注。此外，需要具备行动力，即无论何时发现了变化的萌芽都要立即展开调查并付诸实施。

为此，竞争店调查和示范店调查不能单以调查结束，而要吸取竞争店的优点，并马上实施，创建让其在经营上充分发挥作用的体系。

经常不断变化

持有 7 分保守、
3 分革新的变化意识

革新 3

保守 7

"服务的细节" 系列

《卖得好的陈列》：日本"卖场设计第一人"永岛幸夫
定价：26.00 元

《为何顾客会在店里生气》：家电卖场销售人员必读
定价：26.00 元

《完全餐饮店》：一本旨在长期适用的餐饮店经营实务书
定价：32.00 元

《完全商品陈列 115 例》：畅销的陈列就是将消费心理可视化
定价：30.00 元

《让顾客爱上店铺 1——东急手创馆》：零售业的非一般热销秘诀
定价：29.00 元

《如何让顾客的不满产生利润》：重印 25 次之多的服务学经典著作
定价：29.00 元

《新川服务圣经——餐饮店员工必学的 52 条待客之道》：日本"服务之神"新川义弘亲授服务论
定价：23.00 元

《让顾客爱上店铺 2——三宅一生》：日本最著名奢侈品品牌、时尚设计与商业活动完美平衡的典范
定价：28.00 元

《摸过顾客的脚才能卖对鞋》：你所不知道的服务技巧，鞋子卖场销售的第一本书
定价：22.00 元

《繁荣店的问卷调查术》：成就服务业旺铺的问卷调查术
定价：26.00 元

《菜鸟餐饮店 30 天繁荣记》：帮助无数经营不善的店铺起死回生的日本餐饮第一顾问
定价：28.00 元

《最勾引顾客的招牌》：成功的招牌是最好的营销，好招牌分分钟替你召顾客！
定价：36.00 元

《会切西红柿，就能做餐饮》：没有比餐饮更好做的卖卖！ 饭店经营的"用户体验学"。
定价：28.00 元

《制造型零售业——7-ELEVEn 的服务升级》：看日本人如何将美国人经营破产的便利店打造为全球连锁便利店 NO. 1！
定价：38.00 元

《店铺防盗》：7大步骤消灭外盗，11种方法杜绝内盗，最强大店铺防盗书!
定价：28.00元

《中小企业自媒体集客术》：教你玩转拉动型销售的7大自媒体集客工具，让顾客主动找上门!
定价：36.00元

《敢挑选顾客的店铺才能赚钱》：日本店铺招牌设计第一人亲授打造各行业旺铺的真实成功案例
定价：32.00元

《餐饮店投诉应对术》：日本23家顶级餐饮集团投诉应对标准手册，迄今为止最全面最权威最专业的餐饮业投诉应对书。
定价：28.00元

《大数据时代的社区小店》：大数据的小店实践先驱者、海尔电器的日本教练传授小店经营的数据之道
定价：28.00元

《线下体验店》：日本"体验式销售法"第一人教你如何赋予O2O最完美的着地!
定价：32.00元

《医患纠纷解决术》：日本医疗服务第一指导书，医院管理层、医疗一线人员必读书！ 医护专业入职必备！
定价：38.00 元

《迪士尼店长心法》：让迪士尼主题乐园里的餐饮店、零售店、酒店的服务成为公认第一的，不是硬件设施，而是店长的思维方式。
定价：28.00 元

《女装经营圣经》：上市一周就登上日本亚马逊畅销榜的女装成功经营学，中文版本终于面世！
定价：36.00 元

《医师接诊艺术》：2 秒速读患者表情，快速建立新赖关系！ 日本国宝级医生日野原重明先生重磅推荐！
定价：36.00 元

《超人气餐饮店促销大全》：图解型最完全实战型促销书，200 个历经检验的餐饮店促销成功案例，全方位深挖能让顾客进店的每一个突破点！
定价：46.80 元

《服务的初心》：服务的对象十人百样，服务的方式千变万化，唯有，初心不改！
定价：39.80 元

《最强导购成交术》：解决导购员最头疼的 55 个问题，快速提升成交率！
定价：36.00 元

《帝国酒店——恰到好处的服务》：日本第一国宾馆的 5 秒钟魅力神话，据说每一位客人都想再来一次！
定价：33.00 元

《餐饮店长如何带队伍》：解决餐饮店长头疼的问题——员工力！ 让团队帮你去赚钱！
定价：36.00 元

《漫画餐饮店经营》：老板、店长、厨师必须直面的 25 个营业额下降、顾客流失的场景
定价：36.00 元

《店铺服务体验师报告》：揭发你习以为常的待客漏洞　深挖你见怪不怪的服务死角　50 个客户极致体验法则
定价：38.00 元

《餐饮店超低风险运营策略》：致餐饮业有志创业者 & 计划扩大规模的经营者 & 与低迷经营苦战的管理者的最强支援书
定价：42.00 元

《零售现场力》：全世界销售额第一名的三越伊势丹董事长经营思想之集大成，不仅仅是零售业，对整个服务业来说，现场力都是第一要素。
定价：38.00 元

《别人家的店为什么卖得好》：畅销商品、人气旺铺的销售秘密到底在哪里？ 到底应该怎么学？ 人人都能玩得转的超简明 MBA
定价：38.00 元

《顶级销售员做单训练》：世界超级销售员亲述做单心得，亲手培养出数千名优秀销售员！ 日文原版自出版后每月加印 3 次，销售人员做单必备。
定价：38.00 元

《店长手绘 POP 引流术》：专治"顾客门前走，就是不进门"，让你顾客盈门、营业额不断上涨的 POP 引流术！
定价：39.80 元

《不懂大数据，怎么做餐饮？》：餐饮店倒闭的最大原因就是"讨厌数据的糊涂账"经营模式。
定价：38.00 元

《零售店长就该这么干》：电商时代的实体店长自我变革。
定价：38.00 元

《生鲜超市工作手册蔬果篇》：海量
图解日本生鲜超市先进管理技能
定价：38.00 元

《生鲜超市工作手册肉禽篇》：海量
图解日本生鲜超市先进管理技能
定价：38.00 元

《生鲜超市工作手册水产篇》：海量
图解日本生鲜超市先进管理技能
定价：38.00 元

《生鲜超市工作手册日配篇》：海量
图解日本生鲜超市先进管理技能
定价：38.00 元

《生鲜超市工作手册副食调料篇》：
海量图解日本生鲜超市先进管理技能
定价：48.00 元

《生鲜超市工作手册 POP 篇》：海量
图解日本生鲜超市先进管理技能
定价：38.00 元

《日本新干线 7 分钟清扫奇迹》：我们
的商品不是清扫，而是"旅途的回忆"
定价：39.80 元

《像顾客一样思考》：不懂你，又怎
样搞定你？
定价：38.00 元

《好服务是设计出来的》：设计，是对服务的思考
定价：38.00元

《让头回客成为回头客》：回头客才是企业持续盈利的基石
定价：38.00元

《餐饮连锁这样做》：日本餐饮连锁店经营指导第一人
定价：39.00元

《养老院长的12堂管理辅导课》：90%的养老院长管理烦恼在这里都能找到答案
定价：39.80元

《大数据时代的医疗革命》：不放过每一个数据，不轻视每一个偶然
定价：38.00元

《如何战胜竞争店》：在众多同类型店铺中脱颖而出
定价：38.00元

《这样打造一流卖场》：能让顾客快乐购物的才是一流卖场
定价：38.00元

《店长促销烦恼急救箱》：经营者、店长、店员都必读的"经营学问书"
定价：38.00元

《餐饮店爆品打造与集客法则》：迅速提高营业额的"五感菜品"与"集客步骤"
定价：58.00 元

《赚钱美发店的经营学问》：一本书全方位掌握一流美发店经营知识
定价：52.00 元

《新零售全渠道战略》：让顾客认识到"这家店真好，可以随时随地下单、取货"
定价：48.00 元

《良医有道：成为好医生的 100 个指路牌》：做医生，走经由"救治和帮助别人而使自己圆满"的道路
定价：58.00 元

《口腔诊所经营 88 法则》：引领数百家口腔诊所走向成功的日本口腔经营之神的策略
定价：45.00 元

《来自 2 万名店长的餐饮投诉应对术》：如何搞定世界上最挑剔的顾客
定价：48.00 元

《超市经营数据分析、管理指南》：来自日本的超市精细化管理实操读本
定价：60.00 元

《超市管理者现场工作指南》：来自日本的超市精细化管理实操读本
定价：60.00 元

《超市投诉现场应对指南》： 来自日
本的超市精细化管理实操读本
定价： 60.00元

更多本系列精品图书，敬请期待！

图字：01-2017-8680 号

CHIIKI ICHIBANTEN NI NARU! "KYOGOTEN CHOSA" NO JOZU NA SUSUMEKATA by Yoshinari Noda
Copyright © Y. Noda 2009
All rights reserved.
Original Japanese edition published by Dobunkan Shuppan Co., Ltd.

This Simplified Chinese language edition published by arrangement with
Dobunkan Shuppan Co., Ltd., Tokyo in care of Tuttle-Mori Agency, Inc., Tokyo
through Hanhe International (HK) Co., Ltd., Hong Kong.

中文简体字版专有权属东方出版社

图书在版编目（CIP）数据

成为区域旺店第一步：竞争店调查／（日）野田芳成 著；玲玲 译. —北京：东方出版社，
2018.5
（服务的细节；069）
ISBN 978-7-5207-0278-2

Ⅰ.①成… Ⅱ.①野… ②玲… Ⅲ.①商店—商业经营 Ⅳ.①F717

中国版本图书馆 CIP 数据核字（2018）第 047487 号

服务的细节 069：成为区域旺店第一步——竞争店调查
（FUWU DE XIJIE 069：CHEGNWEI QUYU WANGDIAN DIYIBU—JINGZHENGDIAN DIAOCHA）

作　　者：[日] 野田芳成
译　　者：玲　玲
责任编辑：崔雁行　高琛倩
出　　版：东方出版社
发　　行：人民东方出版传媒有限公司
地　　址：北京市东城区东四十条 113 号
邮　　编：100007
印　　刷：北京文昌阁彩色印刷有限责任公司
版　　次：2018 年 5 月第 1 版
印　　次：2018 年 5 月第 1 次印刷
开　　本：880 毫米×1230 毫米　1/32
印　　张：10.75
字　　数：213 千字
书　　号：ISBN 978-7-5207-0278-2
定　　价：68.00 元
发行电话：(010) 85924663　85924644　85924641

版权所有，违者必究
如有印装质量问题，我社负责调换，请拨打电话：(010) 85924602　85924603